Abaixo a mulher capacho!

Abaixo a mulher capacho!

Sonia Abrão

Manole

Projeto gráfico e editoração eletrônica: Target Editoração Ltda.
Capa: Target Editoração Ltda.
Ilustração de capa: Estúdio Ilustranet
Foto da quarta capa: Chico Audi

Dados Internacionais de Catalogação na Publicação (CIP)
(Câmara Brasileira do Livro, SP, Brasil)

Abrão, Sonia
Abaixo a mulher capacho / Sonia Abrão. --
Barueri, SP : Manole, 2009.

ISBN 978-85-204-2834-4

1. Amor 2. Dependência (Psicologia)
3. Diferenças entre sexos (Psicologia) 4. Homem -
Mulher - Relacionamento 5. Mulheres - Psicologia
6. Mulheres - Submissão 7. Relações interpessoais
I. Título.

09-01024 CDD-155.633

Índices para catálogo sistemático:
1. Mulheres capacho : Psicologia 155.633
2. Mulheres submissas : Psicologia 155.633

1ª edição – 2009

Direitos adquiridos pela:
Editora Manole Ltda.
Av. Ceci, 672 – Tamboré
06460-120 – Barueri – São Paulo – SP – Brasil
Fone: (11) 4196-6000 – Fax: (11) 4196-6021
www.manole.com.br
info@manole.com.br

Impresso no Brasil
Printed in Brazil

Para Cecília,
que soube fazer de mim
e de minha irmã Margareth
mulheres independentes.
Obrigada, mãe!

Prefácio

Em dez anos de trabalho em rádio, tive um contato profundo com o público feminino. Todas as manhãs, conversava com as ouvintes no quadro "De Mulher para Mulher", campeão de audiência, no meu programa "Boas Notícias", na rádio Capital, de São Paulo. Protegidas pelo anonimato, elas abriam o coração. Estavam em busca de apoio, orientação, de um espaço onde fossem ouvidas, onde pudessem desabafar. Invariavelmente falavam sobre as dores do amor. E a maioria insistia nos homens errados! Por dependência emocional, financeira, pelo medo da solidão (que confundiam com desvalorização da mulher), enfim, pela baixa auto-estima. Pisavam em seus sentimentos para manter um homem a seu lado. Resultado: abriam caminho para serem pisadas pelos "amados" também. Tinham virado mulher capacho. Foi dessa vivência que surgiu este livro. Eu espero que, assim como nas conversas do rádio, possa ajudar a desatar esse nó sentimental.

Mas, não fiz esse trabalho sozinha: foram muitas horas de conversa com meu analista, **Flávio Gaiarsa**, para concatenar as idéias e emoções. Muitas horas também levou a jornalista **Márcia Piovesan** para abrir meus arquivos, selecionar e transcrever os depoimentos de ouvintes mais significativos sobre o tema. Levou um tempo para minha irmã, **Margareth**, tirar do baú, ler e escolher os poeminhas que escrevi inspirada em tantas histórias, e formar um painel de sentimentos femininos. O livro ainda não existiria sem o total apoio de meu irmão, **Elias Abrão**, diretor do "A Tarde É Sua", nosso programa da Rede TV!; sem o empresário **Carlos Madrulha**, que levou a idéia para **Daniela Manole** e sua editora; sem **Cristina Moreira** e seu poder de divulgação; sem **Neder Adib**, gênio do rádio, que me entregou o comando do "Boas Notícias"; sem meu pai, **Benedito**, exigindo um livro que não fosse só de receitas; sem meu filho, **Jorge Fernando**, questionando se também existe homem capacho... A todos, só posso dizer

VALEU!

Sumário

Abaixo a mulher capacho!

Não ignore o sinal vermelho, nem a sirene que toca dentro de você. É o aviso para quem dá mais do que recebe em um relacionamento. Fugir é inútil, fingir, pior ainda! Você pode se tornar uma 'mulher capacho'. O problema é que nós não resistimos ao escapismo quando se trata de um amor que vai mal. Alguns homens também, mas, convenhamos, essa atitude é um clássico feminino. Fabricamos desculpas como "daqui a pouco passa", "é só uma fase", "a culpa é minha", "eu é que sou insegura", "homem é assim mesmo" e por aí afora. Qualquer coisa vale para não ter que encarar a realidade de que ELE causa frustração, carência, decepção, tensão, solidão e muitos outros "ãos" que podem nos levar ao sentimento de rejeição até à depressão. Enfim, esse amor não funciona, não completa, tira a alegria de viver, embota o prazer, faz a velha rima com a dor. Mas a gente quer e insiste! Pagamos qualquer preço para não "perder" o amado, até mesmo o de pisar em nossos sentimentos e permitir que ele faça o mesmo. Anular-se até parece fácil. Viver de esmola afetiva parece justo. Sofrer faz parte. E começa a mutilação sentimental. A visão distorcida de união, de vida a dois. Uma rotina de erros, de pequenas mortes diárias...

VÍCIO

Sou salto mortal
sem rede
Temporal que não
mata a sede
É labirinto tudo o que sinto
Quero sangue ou vinho tinto?
Um brinde ao caos no peito
A esse amor que não
é torto nem é direito
Coisa de mulher
que faz da paixão um vício,
dor, prazer e precipício...

Um homem para chamar de seu

Não vou aqui fazer um tratado sobre a história da submissão da mulher no mundo, do tempo das cavernas ao século XXI, porque o saldo disso tudo a gente já sabe: até hoje, uma grande maioria ainda precisa de um homem pra chamar de seu, como diz a canção do Erasmo. O problema é que isso não é apenas conseqüência direta do amor, como podem pensar as mais românticas. A herança que ficou de milênios de anulação foi a falta de identidade, coisa que nem a revolução sexual do século XX conseguiu superar totalmente. A independência financeira se tornou realidade para a população feminina de boa parte do planeta, mas a dependência emocional continua. Claro que não estou falando de depender saudavelmente de quem a gente ama, ou seja, de querer e precisar estar junto, mas de saber que pode viver sem o outro, se necessário. A dependência que complica a vida da mulher é aquela em que precisa de um homem como comprovante de sua existência, um atestado de seu próprio valor.

Um rápido exemplo disso é o de quem continua usando o sobrenome famoso do ex-marido para se sentir importante, ou da garota que pega carona na fama do namorado para aparecer, a alpinista social, a que dá o golpe da barriga em celebridades, a que aposta num belo corpo como moeda de troca, a que se sente feia e aceita qualquer relacionamento para não ficar sozinha, aquela que ama um homem e esquece de si mesma, a executiva que ganha mais que o marido, mas entrega o salário na mão dele para não ferir sua "sensibilidade" de "chefe de família", etc. No fundo, essas mulheres não se buscam e não se reconhecem em sua individualidade. Acho estranho como tantas querem malhar os músculos, mas não exercitam os próprios sentimentos, olham as gordurinhas no espelho, mas ignoram a própria alma. Sabem suas medidas, mas não pesam os prós e contras do que andam vivendo. E escondem as dores de uma relação amorosa, genuína ou ilusória, sob montanhas de justificativas que só prolongam o sofrimento. A "mulher capacho", aquela que pisa em seus verdadeiros sentimentos e permite que sejam pisados pelo "parceiro" para evitar a separação, quando se vê diante do ponto final, sente que "falhou" como mulher, que não foi "boa o bastante" para "segurá-lo", que foi "reprovada" na área sentimental, numa falsa confirmação de tudo de negativo que sempre sentiu sobre ela mesma. Um círculo vicioso: por não se dar valor, faz todas as concessões, e por fazer todas as concessões, perde mesmo o valor (que não sabe que tem) para o parceiro. Antes de continuarmos a detalhar essa situação, é importante frisar que podemos definir três tipos básicos de "mulher capacho": por amor, por moralismo e por interesse. E um quarto tipo que é uma exceção: a mulher que se torna capacho do homem para poder ESCAPAR da relação, a falsa capacho. Com exceção dessa última, as outras três estão unidas por um traço em comum: auto-estima zero!

DORMINDO COM A INIMIGA

"Há alguns anos fui fotógrafa de polícia no Rio de Janeiro. Trabalhei durante quase uma década ao lado de jornalistas seríssimos, médicos legistas, delegados de primeira, comprometidos com a verdade, além de policiais e investigadores competentes. Aprendi muito com todos eles. Infelizmente, só não aprendi a me defender daqueles que estavam mais próximos de mim e nos quais confiava. Eu subia e descia morro e não via que estava dormindo, literalmente, com a verdadeira inimiga. Tatiana era uma menina linda, independente e bastante rebelde. Estudava Direito e foi em uma entrevista que nos conhecemos e me encantei por ela. Um dia, seu pai descobriu nosso romance e a expulsou de casa. Passamos a morar juntas e comecei a bancar tudo, inclusive a faculdade dela. Queria vê-la formada e feliz, uma vez que havia largado o conforto de seu lar por minha causa. Mal sabia eu que por trás daquela expulsão havia terríveis razões, além do preconceito contra um relacionamento homossexual.

Ao final daquele mesmo ano, eu havia entregado minha vida a Tati. Quatro anos depois, ela tornou-se bacharel, graças ao meu exclusivo sacrifício. Não queria que trabalhasse fora, apenas que se dedicasse aos estudos. Para tanto, lhe dava tudo o que precisava: roupas de grife, os melhores cabeleireiros, sapatos caríssimos... E eu estava feliz ao lado de minha princesinha. Futura doutora Tatiana, que orgulho!

Contudo, poucos dias após a formatura, veio a bomba: em uma batida policial, Tati foi levada à delegacia algemada, dentro de um camburão. Lá constatei, às lágrimas e perplexa, que ela estava envolvida até o último fio de cabelo com drogas. E mais: soube que havia roubado todo o dinheiro que estávamos guardando.

Antes de deixar a delegacia, fiz questão de encará-la. E sabe o que ela me disse? Olhou nos meus olhos com cara de nojo e falou que eu era uma otária, velhota e ridícula.

Admito, foi muito difícil me reerguer depois daquele pesadelo. Abandonei minha carreira e parti para outra profissão na tentativa de sobreviver após tamanha vergonha. Apesar de estar sem grana e de não entender nada de culinária, me associei a uma amiga querida que estendeu a mão para mim. Montamos um botequim e hoje moramos em Recife, onde temos um restaurante que é um sucesso. Ana, essa amiga, tornou-se minha companheira de batalhas e de vida. Extremamente digna e valente, me ajudou a superar a dor daquele golpe e aprendi a amá-la e a respeitá-la acima de tudo, bem longe dos fantasmas do passado."

Rose A. N., Recife, PE

ARRITMIA

Estamos com os dias contados
Amor em estágio terminal
Carne viva, água e sal
E esse coração com arritmia
Essa alma com hemorragia
Me condenam a existir sem você
Contra essa dor não há anestesia
Nada vai fazer efeito!
Há um buraco negro
No universo do meu peito!

Capacho por amor

Sou contra classificar pessoas em tipos básicos, já que um ser humano vai muito além de qualquer rótulo e traz em seu íntimo infinitas possibilidades, mas estou fazendo isso agora para tornar mais fácil o entendimento desse jogo emocional, no qual a mulher já entra como perdedora. Acho que a "capacho por amor" predomina entre as outras do gênero e tem maior significado para todas nós, pois dificilmente escapamos de viver esse papel em alguma fase da vida. É raríssimo encontrar uma mulher que não tenha engolido todos os seus sentimentos (principalmente os de revolta, indignação, insatisfação com o parceiro), feito todos os sacrifícios, todas as concessões, fugido de sua própria personalidade, para tentar parecer perfeita – aquela que não cria nenhum tipo de problema, é só dedicação – e se enquadrar na relação com quem julga ser o seu grande amor. Isso pode acontecer em qualquer idade. Eu, por exemplo, fui "menina capacho" aos 10 anos, no grupo escolar, mas essa é uma história para as próximas páginas. Por enquanto, o importante é a gente compreender como é que se entra numa situação tão sofrida, por que insistimos em continuar, e, principalmente, como se sai dessa armadilha do nosso coração.

COISA DE NOVELA

Uma querida amiga de infância passou anos sem entender o motivo de sua avó odiar tanto novelas. Eu mesma, quando estava por perto, morria de rir da correria da linda Dona Idalina pela sala sempre que começava qualquer história que fosse. "Troca, minha filha, troca, troca!", gritava em direção à cozinha.

Lina, como a chamávamos carinhosamente, só voltava para o sofá quando confirmava que alguém tinha mudado de canal. O suspense sobre essa "novelafobia" (existe isso?) durou anos até que um dia uma briga entre ela e o marido, Alceu, permitiu que o enigma fosse decifrado na frente da família inteira. Diante de um Alceu perplexo, Lina fez um desabafo italianíssimo! Revelou que na juventude, nos anos 50, não perdia uma novela de rádio. E adorava escrever suas próprias histórias de amor, inventar dramalhões, personagens sofredoras, paixões perdidas, traições... Enfim, ingredientes que toda boa noveleira ama.

Um dia, ouvindo uma rádio em São Paulo, ela ficou intrigada ao reconhecer uma de suas histórias que, aliás, faria um enorme sucesso. O mocinho era igual ao de sua imaginação. O bandido, também... Até a pobre sogra sofria de gota! Muito esquisito. De tanto espremer o esperto Alceu, ele acabou confessando: havia "se apropriado", sim, do texto da esposa, entregado a um locutor e embolsado um dinheirinho por ele.

Depois de uma gritaria danada, Lina foi convencida pelo companheiro de que ele deveria continuar mandando os textos para a rádio, sempre assinados por ele. Argumento: um escritor, homem, imporia muito mais respeito, poderia ganhar infinitamente mais. Afinal, ser "artista, intelectual ou qualquer coisa do gênero não era pra mulher, né?". Usurpador e machista, hein, seu Alceu? Mas não é que a bobinha da Lina, sempre submissa e dependente do marido, caiu na dele?

Durante quase três anos, as novelas dela, ou melhor, do vampirinho de idéias, foram acompanhadas por centenas de ouvintes... E, enquanto ele levava a fama, os prêmios e o dinheiro, Lina ficava ali, na mesa da cozinha, "fabricando" novos sonhos para alimentar a vaidade e a ambição do marido.

Até que um dia a fonte secou. Alceu queria partir para as telenovelas, que começavam a virar febre. Pois Lina disparou um sonoro "NÃO", soltou todos os cachorros e palavrões em italiano e jurou: nunca mais escreveria uma linha sequer. Dito e feito! Exorcizar os fantasmas e traumas de "capachilda" fez a querida vovó retomar sua paixão e assistir às novelas? Ah, não tenha dúvida. Hoje, aos 73 anos, ela não perde um capítulo das novelas das seis, das sete e das oito. Sempre ao lado de seu Alceu, é claro! Porque marido, segundo Lina, é para toda a vida. A qualquer preço!

AMOR DIGITAL

Amo você
em sistema digital
Ligação sem fio
Amor em caixa postal
"Por favor, deixe sua mensagem..."
Diga apenas que me ama
O resto é bobagem
Romance celular
Código de área
que o coração desenha
DDD sentimental
Saudade é minha senha...

DESEJO

Se alastra com calma
esse meu incêndio interior
E só tua pele sobre a minha
é capaz de dissipar o fogo
e manter intacto o calor

"Vítimas" são românticas

Arrisco dizer que as maiores "vítimas" são as românticas, mas, falando francamente, nesse caso o romantismo é apenas um álibi. No fundo, quem sonha demais não quer encarar a realidade, não se sente capaz de atrair um homem ou não se sente merecedora de viver uma grande paixão. Também podem ser todas as coisas juntas. A falta de identidade é o começo de tudo, e o medo da solidão, o principal efeito colateral. Resultado: está aberto o caminho para uma relação torta, em que a mulher já começa se sentindo por baixo e se agarra ao amado como "tábua de salvação". Aí é que surge a questão elementar: o que é a falta de identidade? Então vamos lá: você sabe quem você é, em matéria de personalidade, pontos fortes, fracos, gostos, necessidades, sonhos, vontades, medos, limites, vocação, potencial, resistência, valores, crenças, carências, amor, sexo, essência, etc.? E mais: gosta da soma de tudo isso, que faz você ser o que é? E do que vê no espelho? Se o saldo é positivo ou quase (o que inclui mudanças) e a auto-imagem também, há grandes chances de não se deixar pisar, porque você tem auto-estima.

Mas se sua conta está negativa, todo cuidado é pouco! Quem não se aceita com seus defeitos e qualidades muitas vezes não tenta se lapidar, se esquece que melhorar sempre é possível, que a vida está aí pra isso. Prefere pegar um atalho fatal: fingir que é outra pessoa, se obrigar a ser seu tipo ideal. E se perde de si mesmo! Sem identidade própria, começa a montar seu personagem. Com as mulheres, isso começa pela aparência, que pode virar obsessão. Estão aí os casos de anorexia, plásticas desnecessárias, excesso de silicone e botox, até modismos que vão do figurino às opiniões. Não dizem o que pensam, só o que acham que vai impressionar. Não usam o que seria mais adequado ou o que gostam de verdade, só o que está na moda. Nunca discordam, com medo da rejeição. Não bancam suas verdades, pois não sabem mais onde elas estão. Quando chega o amor, assumem a personalidade do outro, se fazem de almas gêmeas e se enganam pensando que, assim, serão "felizes para sempre".

Elas não têm marca registrada, abriram mão da autenticidade. Estão prontas para virar capacho.

DUPLA TRAIÇÃO

"Quando conheci Miguel, ele era um operário bastante trabalhador. E isso foi despertando em mim total admiração. Começamos um romance e no ano seguinte fui morar com ele.

Eu também trabalhava duro. De dia, como secretária. E, à noite e nos finais de semana, fazia uma faxina para ajudar no orçamento. Passados dois anos, quando nossa filha mais velha nasceu, Miguel dizia que sentia dores pelo corpo todo. Só que médico algum descobria o que tinha. Fazia baterias de exames e nada.

Começou a faltar demais no serviço, tirou várias licenças, até que a chefia perdeu a paciência e o dispensou.

Com pena de Miguel, propus que continuasse a se tratar e que procurasse outro emprego com tranqüilidade. Não precisava se desesperar, afinal, eu estava li, firme, para garantir nosso sustento. Acreditei na conversinha fiada dele e esse foi o meu grande erro. Um ano inteiro correu, outros dois se seguiram e nada de trabalho para Miguel, que, com a desculpa de estar deprimido (agora não tinha dores, e sim, depressão!), ficava o dia todo deitado no sofá, vendo televisão. Eu não tinha tempo para me deprimir.

Para completar, meu irmão que morava com minha mãe também estava desempregado. Mas esse desde pequeno dava pinta de que não queria nada com o batente. Era um vagabundo assumido, sempre protegido por minha mãe e eternamente sustentado pela tonta aqui. Tinha comida, bebida, roupinha lavada... Tudo graças ao meu dinheiro tão suado.

Tempos mais tarde, com outras duas filhas nos braços, eu me sentia a mulher mais explorada do mundo. E, mesmo assim, não reclamava de nada. Continuava ralando e dando suporte para que meu marido se reerguesse e voltasse a ser aquele batalhador que me causava tanto encantamento. Doce esperança.

Certa tarde, após uma manhã exaustiva, meu chefe me liberou antes do horário. Era uma espécie de prêmio por tantos esforços às vésperas do Natal. Comprei os presentinhos das meninas, um para Miguel e voei para minha casa. Teria três dias de descanso! O primeiro em uma eternidade. Fui entrando, ouvi uns ruídos, cheguei em meu quarto e me deparei com a cena mais dantesca e inacreditável de minha vida. Peguei meu marido na minha cama com outra pessoa. E sabe quem era essa pessoa? Meu próprio irmão, Rômulo. Alguém pode imaginar uma dupla traição assim? Jamais suspeitei de nada nesse sentido, mas os dois estavam ali, eu não tinha como negar a realidade. Expulsei-os aos gritos, ameacei chamar a polícia, estava desesperada, depois entrei em choque. Levei muito tempo para me recuperar, sofri demais, é claro, mas segui em frente como a guerreira que sempre fui. Parei de chorar, me enchi de coragem, sobrevivi e dei a volta por cima. Dois anos depois encontrei outro amor. Dessa vez, um homem de verdade, digno e que me ajudou a acabar de criar minhas garotinhas como se fossem dele. Miguel e Rômulo não souberam da minha felicidade: morreram num trágico acidente, na via Dutra. Pode ser pecado, mas confesso: não derramei uma lágrima sequer."

Cássia Regina R. S., São Paulo, SP

MAL CRÔNICO

Tento te escrever um poema
mas são tantas letras
para tua ausência
Tantas linhas para
os meus trancos
Tantas páginas para
nossa vida em branco
Que eu desisto....
Teu amor é platônico,
O meu, um mal crônico!

Aguando o bom do amor

> *"Você sonhava acordada/um jeito de não sentir dor/ prendia o choro/e aguava o bom do amor"*
>
> *(Codinome Beija-Flor)*

Esses versos cantados por Cazuza são uma definição perfeita do que acontece entre um homem (afetivamente saudável) e uma mulher capacho. Faço essa ressalva porque, com um homem problemático, a relação fica duplamente doentia, mas isso é assunto para um próximo capítulo. Nesse caso, como diz a letra da música, ela evita o confronto para não colocar a relação em risco – já que esse homem é o comprovante de sua existência e o relacionamento é sua tábua de salvação – e o bom do amor vai mesmo se perdendo. Qual o encanto de se relacionar com alguém que não tem personalidade, que não marca seu território, que não se mostra em essência, não representa um desafio? A ligação não pulsa, não tem vida. E essa mulher não se mostra porque tem certeza de que não vale a pena, não aposta em si mesma. Foge do conflito porque acredita que vai perder a batalha, confunde segurança com a paz de um sentimento morto. Não sabe que há dores que nos mantêm vivos. Ignora que o calor de uma discussão é fundamental para o equilíbrio a dois. Sonha acordada com uma vida certinha, em que o tédio substitui a vibração, a rotina entra no lugar da renovação, o prazer ficou lá fora. Enfim, não confia na capacidade de ser amada, que o parceiro não queira perdê-la e esteja disposto a negociar as diferenças. Não age nem reage. Acha que não vai fazer falta, por isso tem que pagar qualquer preço para manter o laço. Nem importa mais o amor, só o porto seguro.

Nada disso é acusação, apenas constatação de um tipo de comportamento que tem origem na velha ordem mundial, quando criaram para nós o falso "papel sagrado" de "rainhas do lar", como única forma de viver nossa história feminina e ser feliz. Quem não se encaixasse nesse padrão estava fora do esquema e ainda levava rótulos como "solteirona", "mal amada", "aquela que ficou para tia", sinalizando a que foi "rejeitada" por ser "incapaz" de conquistar um homem. Tornava-se invisível e sem valor. Casar era questão de sobrevivência, a maneira de garantir um lugar no mundo, mesmo que esse lugar fosse apenas dentro de casa, dedicando-se totalmente ao marido e aos filhos. Na verdade, era uma prisão disfarçada de ninho, mas perder essa condição equivalia a voltar a ser nada. Daí surgiu o chavão "ruim com ele, pior sem ele". E esse fantasma de séculos mora dentro de cada mulher capacho. Até hoje!

FÃ NÚMERO UM

"Existem mulheres capacho em todos os níveis. Eu fui uma delas e tenho consciência disso. Mas sarei a tempo e hoje posso, tranqüilamente, relatar a minha história e até me divertir com ela. Que sirva de exemplo!

Na juventude fui louca por um rapaz que, de vez em quando, cantava nas festas da cidade. Eu gostava tanto dele, mas tanto, que nunca tive coragem de me aproximar daquele deus, lindo, másculo, de voz imponente!

Em certa ocasião, ele, que prefiro chamar pelo nome falso de Tony, gravou o primeiro disco e comecei a fazer de tudo para ajudá-lo a estourar nas paradas. Juntava o dinheirinho que tinha para telefonar e pedir suas músicas nas rádios, mandava cartas para a televisão elogiando, criei fã-clubes, estampava camisetas com a foto dele e distribuía no meio da praça. Tudo para alavancar sua carreira. Às vezes não tinha grana nem para a condução, mas estava lá, contribuindo como fã número um e, quem sabe, futura esposa, né? Por que não?

Uma das canções do tal disco foi um sucesso, e eu estava cada vez mais apaixonada e dedicada àquele homem que nem me conhecia. Mas ele iria conhecer, ah, se iria! E iria me querer, afinal, que mulher faria tanto por ele?

Com a fama surgiram as primeiras apresentações na tevê, reportagens em revistas, carrões e mulheres daquelas bem oferecidas correndo atrás do meu amor. Queria pegar uma a uma pelos cabelos e jogar longe! Abusadas!

Àquela altura, eu já pedia empréstimos para viajar e ir atrás de Tony onde quer que ele estivesse. Me chamavam de louca, mas eu não estava nem aí. Varava dias e noites dentro de ônibus estropiados, toda amarrotada, espremida, mas não fazia mal! Logo estaria diante do homem da minha vida...

Tony já tinha me visto inúmeras vezes nas platéias de seus shows. E devia ter gostado de mim, pois sabia de todas as minhas batalhas por ele e nunca havia tido uma namorada oficial, o que me dava mais esperança.

Aí ganhei a promoção de uma rádio. O prêmio, imagine só, seria um jantar com o Tony, a essa altura, um astro consagrado. Gastei os "tubos", comprei um vestido daqueles, me produzi toda e cheguei lá disposta a arrasar...

À mesa, estávamos eu, o Tony, uma assessora, uma repórter da rádio e um rapaz bonitinho, de uns 20 anos. Entre uma conversa e outra, comecei a achar umas coisas tão estranhas... Tony pegava no guardanapo com as pontinhas dos dedos e sua voz possante havia desaparecido. Ele falava fininho, tinha uns trejeitos esquisitíssimos e tratava aquele moço com uma intimidade irritante. Dava mais bola para ele do que para mim... Bom, jantamos, mostrei minha vasta coleção de reportagens e fotos sobre sua trajetória, ele agradeceu, me presenteou com uma coleção de discos (que eu já tinha, claro), e se despediu com um beijo em minha testa. Fiquei passada. No final, o desastre: ele e o tal rapaz entraram no elevador e, antes que a porta fechasse por completo e sem que ninguém percebesse (a não ser eu), vi que trocaram um beijinho. E na boca! É, seu Tony, quem diria!

Hoje, como disse, dou muitas risadas da minha santa ingenuidade!"

Tânia M. R., São Paulo, SP

MEMÓRIA

Guarde-me
Em algum canto de você:
Porão, gaveta,
Coração, caixa-preta...
Como erro sincero,
Amor fora de hora,
Só um flash *em sua história,*
Rock, blues ou bolero
Da nossa trilha sonora
Qualquer coisa serve
Menos o branco da memória.

VIGÍLIA

De nada adiantou
a vigília,
meu olho armado.
Vieste de outra direção,
dos anos do meu passado,
e só te percebi
quando já estavas
dentro de mim.

Por que insistir no homem errado?

Homem errado é todo aquele que rouba a nossa felicidade. Então, por que insistir no relacionamento? Acredito que por dois motivos: ILUSÃO E SOLIDÃO. O primeiro está ligado à nossa vocação para o conto de fadas, e o segundo, à falta de auto-estima. Fomos treinadas a nos enganar em matéria de amor desde que aceitamos a história do príncipe encantado. E dá-lhe Cinderela, Branca de Neve, Bela Adormecida, Rapunzel, tudo para cobrir de romance uma estrutura de sociedade que sempre foi cruel para a mulher, limitando sua vida à servidão ao marido e à maternidade. Sem fantasia (que leva à alienação) ficaria impossível nos manter em cativeiro. Além disso, o mito do homem perfeito, eterno apaixonado, que vai amar, proteger, cuidar, satisfazer todos os desejos, realizar todos os sonhos e formar uma linda família, até que a morte os separe, fazia de nós princesas também, alimentando nosso amor-próprio precário e nos dando uma falsa sensação de segurança, pois parecia nos poupar de qualquer sofrimento. Uma ilusão que deixou como saldo o vazio existencial: a casa em "ordem", mas a alma fora de lugar.

Esse choque de realidade fez com que começássemos a entender que o tal "príncipe" era um carcereiro, o lar, uma prisão, que o mundo não tinha paredes e a liberdade valia todas as dores. Movimento feminista sim, a luta pelo direito de construir nossa própria história, de conquistar a independência financeira e emocional. Às favas com as fadas! Em vez de varinha de condão, pés no chão! Sexo por prazer e não apenas para procriação. Homem por amor e não para dono e provedor!

É claro que não se faz uma revolução sem perdas e danos. A revanche machista foi duríssima. Queríamos liberdade de escolha e tivemos que decidir entre casamento e carreira – como ousávamos querer os dois? –, enfrentar um mercado de trabalho selvagem, o estresse da competição, arcar com salários menores que os dos homens em empregos iguais, definir a fronteira entre liberdade sexual e promiscuidade, ter ou não filho sozinhas (produção independente), encarar o medo masculino da "mulher inteligente" e outros preconceitos que renderam carência e solidão. Mas mudamos o mundo, com toda certeza! Hoje, já é possível conciliar profissão e família, casar, separar ou ficar solteira, ter sexo casual ou com envolvimento, abrir mão da maternidade, ser chefe na empresa, concorrer à presidência da República e até, para espanto de muitas, voltar a ser dona-de-casa, por que não? Isso não significa um retrocesso, pois agora é opção e não obrigação. Apesar de a desvantagem salarial em relação aos homens persistir, evoluímos bastante, a ponto de muita mulher sustentar marido e filhos hoje em dia. Problemas ainda existem e não são poucos, mas nos sentimos livres para ser o que quisermos. Ou quase...

É que, apesar do progresso da condição feminina, temos que admitir que as coisas não aconteceram de forma igual para todas. Por isso, houve as que tiveram coragem de pagar o preço da liberdade, as que ainda batalham para chegar lá, buscando o crescimento pessoal, e as que se perderam pelo caminho. Entre essas, está a mulher capacho, que continua prisioneira da dependência masculina. Pode até ser bem-sucedida profissionalmente, mas a parte emocional ainda necessita de um homem para dar sentido à sua vida. Por isso, aposta na velha ILUSÃO do "príncipe" que a amará e a fará feliz num passe de mágica; basta saber atraí-lo. Se não conseguir, como ainda pensa com a cabeça do século XIX, será invadida pela sensação de fracasso, de ter falhado como mulher, sentirá vergonha de si mesma e o complexo de inferioridade tomará conta dela. Surge, então, o segundo motivo pelo qual é capaz de insistir no parceiro errado: o medo da SOLIDÃO, que encara como sinônimo de rejeição, como "prova" indisfarçável perante o mundo de que não foi capaz de despertar o amor de um homem. E considera isso a suprema humilhação!

NÃO VALE A PENA INSISTIR

"Meu começo de namoro com Waldir foi uma loucura! Anos 60, Jovem Guarda, éramos muito jovens e ele, lindo. Aliás, o mais bonito de todos. Talvez até por isso, um mulherengo que nunca tomou jeito na vida. Mas eu o amava de forma alucinada e estava disposta a tudo para me casar com ele. Achava que um dia aquele fogo iria passar e ele seria somente meu...

Uns três anos depois, como de costume, fui buscá-lo no trabalho. E o vi dentro do carro, no maior amasso com outra. Voei para cima dos dois na certeza de que ele se ajoelharia aos meus pés pedindo perdão. Que nada! Na frente dela, me disse na maior cara-de-pau: 'Tereza, esta é Cristina e vamos nos casar no final do ano porque encontrei, finalmente, a mulher da minha vida. Não me procure mais!'.

Nem preciso dizer que quase morri ali mesmo, não? Chorei todos os dias e noites seguintes e entrei em depressão profunda.

Chegou dezembro e não conseguia esquecer aquele amor. Então, passei como um trator por cima do meu orgulho e o procurei. Implorei para que não se casasse. Tudo em vão. Saí da casa dele ainda mais humilhada.

Meses depois, liguei para Waldir inventando uma daquelas desculpas que toda mulher capacho tem na ponta da língua. Ele me atendeu bem e me convidou para uma cervejinha. Terminamos a noite em um motel e na manhã seguinte voltei para o meu pesadelo. Waldir confessou que a mulher estava grávida e que não poderia voltar a me ver. Ainda usou o velho chavão: 'Jamais consegui te esquecer... Se não estivesse casado, tudo seria diferente!'. Ah, como a gente cai nessa conversa! Sempre! Mas resolvi investir e disparei: 'Então, me deixa ser sua amante! Eu não me importo em dividir você com outra, desde que tenha você'.

Waldir topou e ficamos nessa durante uns dois anos até que, num belo dia, soube por uma vizinha que ele estava se separando. E pensei: 'Deus, chegou a minha hora! Agora ele vai ficar comigo, vai me assumir!'. Doce ilusão.

Passei mais quatro anos correndo atrás daquele homem que só sabia entrar em depressão por causa da ex, encher a cara e pegar todas as menininhas que via pela frente. Mesmo assim eu me contentava com 'raspas e restos', como diria Cazuza.

Num dia de muuuuuita bebedeira, Waldir pediu que eu me mudasse para o apartamento dele. Antes que saísse da ressaca, eu já estava lá, de mala e cuia, para assumir definitivamente meu lugar de esposa. Mas meu inferno não terminaria ali. Muito pelo contrário.

Passamos a viver uma vida medíocre, cheia de brigas, ofensas, palavrões, insultos, mágoas, revoltas... Tivemos duas filhas lindas, mas nem isso o fez mudar. Suas traições jamais terminaram.

Por fim, a vida, o destino, Deus, não sei, não queria, mesmo, Waldir do meu lado. Num dia chuvoso, o telefone tocou: era do hospital, avisando que ele havia tido um derrame e estava em coma. Corri para lá, mas cheguei tarde. Ele não resistiu... Definitivamente, não conseguimos um final feliz para nossa história!"

Tereza S., São Paulo, SP

DIA DE CHUVA

Chuva sem versos
Tarde sem inspiração
Tédio!
Será gripe ou depressão?
O corpo ou a alma
Têm razão?
Sem você,
O poema não se alimenta
E meu amor morre de inanição!

Que solidão que nada!

Mais do que um sonho de amor, o que leva muitas mulheres a abrirem mão de seus próprios sentimentos, a se mutilarem emocionalmente – a ponto de aceitarem até ser maltratadas – é o medo da solidão. E isso independe de idade ou classe social. É uma sombra de desamparo que se torna companheira diária de toda mulher que não é capaz de contar apenas consigo mesma. Geralmente se acha frágil, feia (se for bonita, se acha feia por dentro), sem charme, fora de forma e com mil outros defeitos que vai projetando sobre si mesma e que, aos poucos, vão minando a energia e fazendo com que se deprima e perca a alegria de viver. Ela pára no tempo e se agarra a um relacionamento, mesmo que seja péssimo. Pode começar amando o parceiro, mas não admite se separar dele quando o amor acaba. Afinal, o que vai ser dela sozinha no mundo? Quem vai cuidar, sustentar, dar segurança? Quem vai ser seu escudo – do tipo "meu marido" ou "meu homem" – atrás do qual se esconde da realidade? Quem vai ser seu álibi, aquele que pode culpar por seu sofrimento e frustração, sem ter que reconhecer que, no fundo, são frutos de sua incompetência diante da vida? Ao assimilar valores ultrapassados do comportamento feminino, engessa seu crescimento individual e se desvia do caminho natural de autonomia e independência de todo ser humano.

Por trás da mulher capacho há sempre uma mulher em pânico diante de um mundo que ela se julga incapaz de enfrentar. Necessita de um modelo preestabelecido para se ancorar. Como não sabe quem é, encaixa-se espontaneamente na velha mentalidade de uma sociedade machista, calcada na superioridade e no poder masculinos e, portanto, se submete a um homem. Acredita que ele seja a "garantia" de condições fundamentais de vida. Como não se basta – e toda mulher nasceu condicionada a se sentir insuficiente –, viver sozinha é uma idéia inconcebível.

É importante dizer que o período de solidão tem duas fases distintas: primeiro o pânico, por todos os motivos que já explicamos, e, depois, o alívio. Esse segundo momento vai surpreender a mulher capacho. Aos poucos, começará a perceber que não vive mais sob pressão, sob a ameaça constante da perda de um homem. Isso já aconteceu e, quem diria... Ela continua viva! Pode desligar o sistema emocional de alarme, o que representará uma saudável diminuição do estresse. Apesar de estar em pleno luto sentimental, amarga e pessimista, será capaz de sentir que há algo de positivo no ar e gostará da sensação de respirar sem trava no peito.

Esse é o ponto de partida para virar o jogo psicológico da dependência e entender que a solidão proporciona um grande prazer: o do encontro íntimo com nossa existência! Assim é possível descobrir a própria identidade, a força pessoal, a resistência espiritual, a cumplicidade com você mesma, a energia positiva de ser sua melhor amiga, de confiar em seus sonhos, conhecer e aceitar seus limites, de se olhar no espelho e enxergar sua essência, etc. É no silêncio da comunhão com nossa alma que somos apresentados a nós mesmos e formamos nossa visão de mundo. Nada mais será imposto, porque a solidão nos ensina a refletir e escolher de princípios e valores a música e amores. E isso vem junto com o gostinho da felicidade.

O que quero dizer, realmente, é que em vez de ter medo da solidão, de encarar o fim de um relacionamento amoroso como morte, a mulher capacho deveria aproveitar essa fase sem homem do lado para se descobrir e se reconstruir, passar a ser "a mulher de sua vida", se reinventar. É a chance de ser a primeira da fila, de se testar sobre os próprios pés, de sentir que não precisa de "muleta masculina". É a hora de fazer novos amigos, bater altos papos com seu coração, se namorar, experimentar novas roupas e emoções. Chega de concessões, de sacrifícios, de mágoas, de existir em função do outro. Faça seu vôo solo e abra espaço para a alegria de iniciar um novo ciclo, que vai trazer novas formas de viver e amar.

Há um texto de Fernando Pessoa que todo mundo deveria repetir como uma prece ou um mantra, tal o impulso que nos dá para fazermos mudanças radicais que nos levarão em frente:

"Há um tempo em que é preciso
Abandonar as roupas usadas
Que já têm a forma do nosso corpo
E esquecer os nossos caminhos
Que nos levam sempre aos mesmos lugares
É o tempo da travessia:
E se não ousarmos fazê-la
Teremos ficado para sempre
À margem de nós mesmos."

JUNTAR OS CAQUINHOS E SOBREVIVER

"Comecei a trabalhar com Klaus aos 16 anos. Ele, com 30, era o dono de uma empresa de consultoria em ascensão. Era casado, mas isso não impediu de nos apaixonarmos um pelo outro. Juro, até tentei evitar o romance no início por uma questão de princípios. Mas foi incontrolável. Quando dei por mim, já estava totalmente entregue àquele amor.

O tempo passou e, quando fiz 21 anos, ganhei um apartamento de presente de Klaus. Segundo ele, era por gratidão e merecimento. Primeiro, o fazia feliz fora de um casamento já fracassado e movido a interesses financeiros. Depois, havia ajudado muito na consolidação da empresa.

Em dois meses saí do lar de meus pais e me mudei para o nosso paraíso. Um refúgio secreto e delicioso. Quase todos os finais de tarde saíamos da firma e corríamos para lá e assim foi durante outros seis anos. Um dia, Klaus, já um poderoso homem de negócios, chegou ao escritório sem a aliança. Trancou a porta de sua sala, me beijou loucamente e anunciou: 'me separei de minha mulher'! Quase gritei de tanta felicidade e foi difícil disfarçar meu contentamento depois, diante de todos os colegas.

Para não chocar os filhos, Klaus decidiu que nos próximos meses continuaríamos morando em casas separadas. Mas ele sempre dormia comigo e eu sabia que estava vivendo o momento mais pleno de minha existência. Com o tempo, porém, ele achou melhor continuarmos como estávamos: cada um na sua residência, formando uma produtiva parceria na empresa, e nos amando cada vez mais. E eu topei porque também me sentia bem assim. Preferia levar o relacionamento dessa forma a vê-lo, de repente, naufragar por causa de uma rotina desgastante. Klaus costumava dizer que quem ama confia e respeita a liberdade do outro e eu assinava embaixo.

Tudo caminhava às mil maravilhas até que convidei uma jovem para me secretariar. No começo, Deborah se comportava de forma discreta e eficiente. Mas, depois de um ano, mudou da água para o vinho. Passou a usar roupas provocantes e a se comportar de forma autoritária e aquilo começou a me irritar profundamente. Ela tinha se transformado numa mulher do tipo mais abominável e vulgar. Fazia intriga entre os colegas, me afrontava e Klaus não permitia que eu a demitisse. Sempre a defendia dizendo que era apenas uma menina deslumbrada, mas que nos ajudava e muito na conquista de novos clientes. Assim, fui engolindo a presença dela lá, sentada bem ao meu lado, e a cada dia mais dona de si.

Em certa ocasião, sem mais nem menos, Klaus comunicou que iria para a Alemanha assistir a uma corrida de Fórmula 1. Argumentou que estava estressado, que precisava descansar e, como Deborah sairia de férias, eu deveria tocar os negócios. Eu, que sempre viajei com ele, mesmo nos tempos de casado, não entendi nada. No entanto, respeitei sua decisão.

Mas, na manhã seguinte, acordei com uma forte intuição. Da minha mesa, liguei para o agente de viagens que cuidava desses assuntos para nós, dei uma de sonsa e confirmei o destino de Deborah nas férias: Mônaco. O inocente rapaz ainda entregou de bandeja com uma pergunta fatídica: 'A senhora sabe dizer se o Sr. Klaus voltará no mesmo vôo que a senhorita Deborah?'. Respondi que sim e, jogando verde, confirmei se estava tudo certo para o embarque de ambos. E ele caiu: 'Sim, tudo pronto, o vôo deles sairá amanhã à noite, do aeroporto da Pampulha com destino a Roma. De lá seguirão para Mônaco'.

Entre eu desligar o telefone e quebrar o escritório inteiro, inclusive a cara dos dois, foram dez minutos. Destruí tudo o que vi pela frente, diante de dezenas de funcionários perplexos. Klaus e ela também não tiveram reação. Deixei a empresa, vendi o apartamento e passei um ano amargando a dor da traição numa praia do Espírito Santo. Achei que iria assistir de camarote à derrota deles, mas não. Continuam juntos e felizes. Só me resta acordar deste pesadelo de uma vez por todas e ressuscitar."

Amanda L. S., Belo Horizonte, MG

FINAL

Sem aspas nem reticências,
Sino, sirene ou sinal.
Só ausência!
Você simplesmente foi embora
E se esqueceu do ponto final.

Fui uma menina capacho!

Aos 10 anos me apaixonei por um colega de classe. Estava na quarta série e, claro, fazia tudo para agradá-lo, inclusive passar "cola" nas provas, já que ele não era chegado a estudar. Também fiz muita lição de casa para ele, inúmeros mapas, desenhos, etc., mas não recebia nem um "muito obrigado". Houve vezes em que ele chegava a brigar comigo porque o trabalho de geografia não tinha ficado como queria. Eu chorava escondido, ficava magoadíssima, triste, mas não desistia. Na minha cabecinha, o garoto acabaria me pedindo em namoro diante de tamanha dedicação. Isso nunca aconteceu, ou melhor, quase rolou quatro anos depois, mas aí já era tarde! Minha "carreira" de capachinho, graças a Deus, acabou cedo. Lembro até em que dia: o do ensaio da festa de formatura, quando meu "amado" teve a coragem de me humilhar na frente de todos os coleguinhas. Na hora de formar o coral, ele acabou vendo que meu sapato estava furado na ponta e não só caiu na gargalhada, como mostrou pra todos da classe, que também riram muito de mim. Dá-lhe gozação!

Eu queria morrer e odiei profundamente aquele menino. Ele sentiu que foi parar no *freezer* do meu coração. Era o fim!

Mas, na oitava série, nos reencontramos. Quando eu o vi de longe no pátio do colégio, tratei de fugir, mas ele me viu e veio atrás. Adolescente, estava bem mais bonitinho e deve ter achado o mesmo de mim, pois chegou jogando charme e me deu um beijinho no rosto. Estava com um amigo de classe e, antes que eu pudesse abrir a boca, foi logo contando para o rapaz que, quando criança, eu era louca por ele. Fiquei paralisada de indignação. Não satisfeito, me deu aquela olhada de cima a baixo e comentou: "Agora até que dá pra namorar com você". Minha vontade foi a de estalar um tapa na cara dele, mas não podia me arriscar a ser suspensa das aulas. Só consegui olhá-lo com desprezo e dizer: "Vê se me esquece, idiota!". Saí correndo, mas ainda deu para ouvi-lo gritar: "Vem cá, sua trouxa! Quem você pensa que é?". Não olhei para trás, mas respondi baixinho: "Sou muita coisa para você, f.d.p.". E, nesse instante, percebi que era verdade! Estava vingada e salva! Por todos os séculos e séculos, amém!

UMA QUASE-CELEBRIDADE

Selma é o pseudônimo de uma artista que, anos atrás, tinha tudo para se transformar em uma grande estrela da TV. Era talentosa, promissora, ambiciosa na medida certa, cheia de vontade de crescer e de se consagrar no mundo da fama.

Por obra do destino, aos 18 anos, Selma caiu nas graças de um homem de comunicação que, sem segundas intenções, resolveu investir no potencial dela. Seria seu empresário, lhe daria o primeiro importante emprego fixo, ajudaria a negociar cachês, salários, novos contratos...

Problema número um: muito mais radiantes que Selma ficaram seus pais, Virgínia e Clóvis. Afinal, "a filha que sempre criaram com muito amor poderia mudar a vida da família inteira!". E foi o que aconteceu. Naquela época, trabalhando exaustivamente e de maneira honesta, Selma concordou que o pai deixasse o emprego e começasse a curtir a vida, pois "tinha lutado tanto para lhe dar educação e suporte para vencer na vida...", dizia ele.

O próximo passo de nossa candidata a celebridade foi comprar uma bela casa e carros para os pais, presenteá-los com viagens e outros pequenos luxos com os quais tanto sonhavam. Clóvis era um operário bem humilde e Virgínia nunca havia trabalhado fora por opção, embora precisasse. Só que ela ainda queria mais. "Agradecida" à filha, passou a ir com ela a todos os lugares. Meses depois, já se achava no direito de dar palpite em tudo dentro dos estúdios: nas roupas de Selma, nos acessórios, na maquiagem, no jeito de falar... Inevitavelmente, comprou uma briga velada, porém perigosa, com o pessoal da produção.

Virgínia, a essa altura com uma gorda conta bancária graças às mesadas de Selma, sentia que ainda poderia "colaborar mais para o êxito de sua criança". No melhor estilo mãe de *miss*, participava de reuniões na empresa, "ajudava" a discutir pagamentos e, conseqüentemente, batia de frente com diretores e até com o tal poderoso homem de comunicação.

Preocupada em cumprir bem sua missão de artista, Selma procurava acalmar os ânimos, fazendo um "meio-de-campo" entre a mãe e o resto do planeta. Problema número dois: no meio dessa confusão toda, nossa estrelinha em ascensão se apaixonou por Pedro, um apresentador também em início de carreira. Bonitinho, mas... Como quem não queria nada, ele foi chegando e tomando conta do pedaço. Negociou um comercial para a namorada aqui, depois o cachê para um desfile dela ali... E, antes que Virgínia, Clóvis ou o tal empresário se dessem conta, foi nomeado por Selma o seu agente oficial. Alguém pode imaginar a tragédia grega na família e nos bastidores da televisão? Foram tantas as brigas por dinheiro – da artista, claro – que os exploradores conseguiram o que parecia quase impossível: secar a fonte.

Selma perdeu o emprego, ficou rotulada no meio como "dona encrenca", nunca mais foi chamada para trabalho algum, levou um pé do namorado oportunista, deu uma boa gelada na mãe sanguessuga e hoje, sabe Deus o que anda fazendo da vida...

FOGO

Sou um anjo na sala de espera
Solto meus demônios
Em outras esferas
Abro minhas asas para
Um abraço terno
Louca para arder no fogo
Do seu inferno!

Avó capacho

Uma amiga minha perdeu a avó ainda menina, num trágico acidente de automóvel. A apenas quinze minutos de casa, seu avô perdeu o controle do carro na estrada e bateu num barranco. Uma pedra imensa caiu sobre a frente do carro, esmagando-a da cintura para baixo. Foi a única vítima fatal entre os cinco passageiros. Tudo porque não ousou enfrentá-lo e, obedientemente, sentou-se ao seu lado para a viagem, mesmo sabendo que estava bêbado ao volante. Pagou com a vida pela submissão. Tinha só 53 anos, quase quarenta dedicados a servir o marido. Em troca, muita pancada e traição, trabalho forçado à beira do fogão – era a cozinheira do hotel da família – e cinco filhos para criar. Ela o considerava o "homem da sua vida". Honesta, recatada, trabalhadora, mãe dedicada, mãos-de-fada na cozinha, era capaz de largar tudo para correr atrás dele e arrancá-lo dos bailes de Carnaval, onde gostava de se acabar nos quatro dias de folia. Comprava briga com as rivais, batia na "concorrência", mas apanhava em casa. Ele era um belo homem, com quase dois metros de altura, forte, moreno. Havia lutado na Revolução de 32. Até hoje está vivo na lembrança da família através de duas fotos na parede: uma, de capacete, junto ao seu grupo de combatentes em São Paulo, e a outra, de farda, pilotando uma moto. Imagens que não o mostravam por inteiro. Ele adorava uma farra, era namorador e violento com a mulher e as filhas. Nem assim, a avó da minha amiga se separou dele. Estava sempre à sua disposição. Suportava tudo para não perdê-lo e não era só pelo fato de ser dependente financeiramente e não poder criar os filhos sozinha – maior arma masculina para a dominação da mulher –, mas, por "amor", como justificava.

Vó Mafalda jamais poderia imaginar que, na verdade, mais do que paixão pelo seu belo Humberto, o motivo para manter um casamento às custas de tanta dor e humilhação era a falta total de amor por si mesma. Nascida no início do século passado, foi criada para servir, para ser usada, objeto de cama e mesa. Uma mulher coisificada por um mundo em que até apanhar de pai e marido era natural. Sempre propriedade dos outros, nunca dona do seu ser. Triste sina feminina de tantas épocas. Com essa avó, foi assim até o final da vida. Durante os poucos minutos em que sobreviveu após o acidente, só chamou por ele. Queria garantia de que estava vivo. Não teve tempo de saber que Humberto só havia fraturado as costelas. No caixão, ainda eram visíveis em seus braços as marcas roxas das mãos do marido, resultado de sua última surra. Uma capacho sem salvação!

A ETERNA ESPERA

"Sexta-feira, 22h30. Já, já, César vai chegar. Ele tem que chegar. Afinal, promessa é promessa e eu, desta vez, tenho certeza de que ele vai cumpri-la. Meu Deus, que frio na barriga... Champanhe no ponto, um lindo jantar, apartamento delicadamente perfumado, lençóis macios e cheirosos, malas prontas... Só falta me livrar de vez desses calmantes, meus companheiros inseparáveis nos últimos sete anos. Depois guardarei o vidrinho num armário qualquer para nunca mais. Chega de depressão, de dor e tristeza! Quero a liberdade de poder, finalmente, ser feliz. Bom... Primeiro um banho, um drinque para aliviar a ansiedade. 0h10. Não é possível que ele ainda não tenha saído de casa. Ficou de pegar sua bagagem, dar o último adeus àquela mulher que o escravizou durante quase 16 anos e vir para cá, nosso lar daqui para a frente. Esposa. Como me irritava ao ouvir essa palavra na boca do meu amor... Esposa. Mas, graças aos céus, ele nunca mais vai se referir a ela assim. No fundo, tenho até pena daquela pobre. Sabia que o marido estava com outra e, mesmo assim, o segurou lá usando os filhos como escudo. E não era uma outra qualquer. Não era umazinha eventual. Era eu, uma dentista respeitada, interessante, inteligente, colega dele na clínica. Só por isso, mais uma bebidinha para comemorar, vai! Faltam poucos minutos para a realização do meu maior sonho. Vamos nos amar a madrugada inteira, embarcar amanhã rumo a Madri e começar uma nova vida. A nossa vida! 2h15. Por que César ainda não está aqui? E por que o celular só chama e ele não atende? Sabe que o espero aqui para deixar de ser a amante paciente, compreensiva, amiga e leal para me tornar, efetivamente, a mulher dele. A mulher que ele diz amar há anos. Aquela que abandonou um casamento para se dedicar a essa paixão.

A mulher que já nem tem mais lágrimas por causa desse turbilhão de sentimentos, e que investiu tudo nessa relação. Quantas noites de espera iguais a essa, quanto ódio por saber que ele estava lá, na cama da santa esposa, fazendo amor com ela. E as insuportáveis viagens da 'família sagrada e feliz'? Preciso parar de sofrer ou essa tortura me levará ao pior. 3h20. Não é possível que já tenha bebido tanto. E os tais comprimidos permanecem ali, no criado-mudo, me tentando... Parecem saber que não tenho mais como resistir. Estou a ponto de me atirar pela janela do prédio. 4h30... 5h45... 6h30. Já não tenho mais forças. Muito menos vontade de permanecer viva. Preciso acabar com isso de vez e vai ser agora. 6h32. Barulho de chave abrindo a porta da sala... Meu Deus... É ele dizendo pela enésima vez que não teve coragem de se separar. Tem pena da ESPOSA, que ameaçou cometer suicídio. Mas César garante: do final do ano não passa. Diz que vai remarcar as passagens e me põe para dormir com um beijo na testa. A porta se fecha e eu me conformo, novamente."

Solange W., São Paulo, SP

BANQUETE

No teu corpo, o banquete
Tua boca, fina iguaria
Teu beijo, manjar dos deuses
Nem sei quantas vezes
Eu te comeria!

A capacho e o machista

Se o relacionamento entre uma mulher capacho e um homem afetivamente saudável fica complicado porque o seu comportamento – passivo ou ciumento demais, fruto da insegurança – acaba "aguando o bom do amor", como já vimos, a união entre ela e um machista vai ser puro sofrimento. E bota sofrimento nisso! Enquanto o afetivamente saudável encara a vida a dois de igual para igual, curte e sabe negociar as diferenças, o machista prefere o jogo do poder que, claro, é todo dele. Adora o velho esquema do chefe-de-família e da dona-de-casa. Além de ditar as regras da convivência, que acabam escravizando a mulher, tem sempre a última palavra e centraliza o dinheiro, mesmo que – no caso de permitir que a "esposa" trabalhe fora – ela ganhe mais do que ele. Dessa forma tem o controle total da situação, pois com a grana curta a mulher não poderá ir longe, ainda mais se tiverem filhos.

Esse tipo de homem investe na desvalorização da mulher. Ele quer que a condição feminina continue a mesma de duzentos anos atrás para se sentir blindado contra os novos costumes, que não vê como evolução, e sim como ameaça ao seu poder de macho, ao seu domínio sobre as mulheres. Vai que elas queiram reinvindicar mais direitos? E se roubarem seu lugar no trabalho? E se virarem chefes dele? Ou, tragédia maior, se descobrirem que são melhores que ele, não apenas profissionalmente, mas como seres humanos? Além do trabalho diário de destruição da auto-estima feminina, o machista investe também no isolamento. Ele vai cortando, sutil ou explicitamente, todas as ligações da mulher com família, amigos, colegas de trabalho e por aí afora. É mestre em isolá-la do mundo, se transformando no centro de tudo, num exclusivismo – que pode incluir até um ciúme doentio, máscara do sentimento de posse – que sufoca, deprime e pode até matar.

Quando o assunto é sexo, o pânico é total: e se perceberem que podem despertar desejo e amor em outros homens? E, socorro, se descobrirem que existem outros melhores de cama? E se cederem à tentação? E se ficarem experientes e, portanto, exigentes, em matéria de prazer? Como é que vai ser?

Aí começa o joguinho sujo da desvalorização, uma armadilha que pega fácil a mulher capacho, já que ela nunca se achou grande coisa. O machista vai ver com lente de aumento todos os defeitos dela e inventará dezenas de outros. Por exemplo: que é burra, incompetente, limitada, desinformada, não sabe cozinhar, não sabe se virar sozinha, não sabe lidar com dinheiro, é uma mãe sem autoridade diante dos filhos, e por aí afora. Não satisfeito, vai detonar sua vida sexual, criticando seu desempenho na cama, reclamando que está fora de forma, tem celulite, engordou, os seios caíram, que não tem bunda, está ficando velha, cheia de estrias e outras "delicadezas" mais.

Tudo isso tem um único objetivo: convencê-la de que nenhum outro homem irá querê-la, pois não possui poder de atração como fêmea, e nem qualidades como dona-de-casa, para arranjar um outro marido. Portanto, deixa claro que ela deve agradecer de joelhos pelo fato de ele ainda não tê-la abandonado. Com isso, a mulher que é dependente emocional, financeiramente ou as duas coisas juntas, entra em parafuso. Tentará "melhorar" o visual, "corrigir" os defeitos e, se não for das mais conservadoras, fará curso de strip-tease, dança erótica e irá até a sex-shop. Ela também vai caprichar no quesito forno e fogão, mas tudo em vão. A capacho só recebe crítica e infelicidade. Tensa e angustiada em busca da aprovação do "parceiro", não percebe que esse esforço é inútil, que ele é um poço sem fundo de reclamação e NUNCA ficará satisfeito, porque senão o jogo e o jugo psicológicos acabarão, ele perderá o controle e ela estará livre para ser e viver como quiser.

O problema é que se esse "milagre" acontecer, essa mulher estará livre na teoria, pois na prática se sentirá apavorada – prefere o inferno conhecido –, sem saber sua verdadeira identidade e o que fazer da vida. Por isso, quando insiste nesse relacionamento, quando puxa para si a responsabilidade pela insatisfação do homem, está sendo cúmplice do machista para que a ligação não termine. É como passarinho que tem medo de fugir da gaiola, quando vê a porta aberta. E é aí que surgem os lamentos clássicos, do tipo "a culpa é minha", "eu é que sou insegura" (o que não deixa de ser verdade, mas não justifica tudo), "homem é assim mesmo", etc., para encobrir a realidade de que não consegue ir à luta e mudar o seu destino. Todo dia ela vai morrendo um pouco, sufocada por sua visão distorcida de união.

COVARDIA ABSOLUTA

Vânia era uma adolescente linda, daquelas que mexem com a imaginação de qualquer homem. Mas só se interessava pelo namorado, Plínio, seu colega na escola de teatro. Ela nunca dava motivos para que Plínio desconfiasse de sua fidelidade. O rapaz, no entanto, via fantasmas por todas as partes. Achava que Vânia "dava mole" para os outros jovens do grupo, que não dava atenção a ele, sorria para qualquer um... Plínio realmente mostrava sinais de psicopatia, mas ninguém enxergava. Como bom ator que era, levava todos a crer que seu ciúme não passava de demonstração de amor. E até os pais de Vânia diziam que ela precisava compreendê-lo e que, com o tempo, tudo aquilo passaria.

Como Vânia gostava bastante de Plínio, foi engolindo suas provocações e ameaças. No íntimo, tinha medo. Sabia que era perigoso o suficiente para fazer qualquer coisa num instante de fúria. Ela via como tratava mal os animais "de estimação" em casa e de que forma conseguia a obediência deles. Com o tempo, aquela convivência ficou insustentável e Vânia já não suportava mais um sujeito tão abominável, apesar do apelo de sua família para não romper o namoro. Plínio armava brigas horríveis. E o que mais chamava a atenção dos colegas é que ele não colocava uma gota de álcool na boca. Nem cigarros. Drogas, nem se fala. Era daquele jeito mesmo, estourado, inconseqüente, feroz, capaz de gestos dos mais agressivos e impensados.

Até que um dia Vânia tomou coragem e disse ao namorado, diante de seus pais, que queria terminar o relacionamento. Assinou ali sua sentença de morte. Ele fingiu aceitar a vontade da garota e ainda pediu para que ela continuasse na escola de teatro, que não abandonasse as aulas nem os ensaios para a peça de final de ano. Calmo, disse a ela que poderiam ser bons amigos. E Vânia, aliviada, acreditou. Certa noite, porém, antes que o espetáculo começasse, ele viu a ex conversando – e apenas isso – com um moço na fila. Sem pensar duas vezes, disparou um tiro certeiro nas costas de Vânia e encerrou, de forma brutal, aquela conversa. Hoje, Plínio responde ao processo pela morte dela em liberdade!

PERFUME

Eu era apenas
O fino frasco
Sobre teu móvel escuro
Eu era apenas
A fragrância à espera
Do teu corpo
Eu era apenas
Cristal em estilhaços
Sob teu gesto brusco
Perfume derramado
Sobre tua carne impermeável

LOUCO DE LOUÇA

Pálido, louco.
Indeciso de louça
Frágil
Te quebras ao mínimo
toque da vida
E me matas aos poucos
me cortas o corpo
nas lascas brancas e
pontiagudas
que restam do teu fim!

Na cama com um machista

Em dez anos como comunicadora de um programa na Rádio Capital de São Paulo intitulado "Boas Notícias", milhares de ouvintes me contaram suas dores de amor no quadro "De Mulher para Mulher", campeão de audiência. Protegidas pelo anonimato, se sentiam seguras para abrir o coração e revelar seus sonhos frustrados, as mágoas e decepções com os homens, coisas que mantinham no mais absoluto segredo fora do ar. Sofriam caladas em casa. Poder falar sobre isso comigo e com as outras ouvintes era um alívio, parecia terapia em grupo, mesmo porque sempre havia psicólogos de plantão ao microfone. Com o desabafo, tiravam um peso do peito e não se sentiam mais tão sozinhas. Estávamos todas ali unidas pela condição feminina, expostas em nossa fragilidade e insegurança diante das paixões e desilusões, trocando experiências no delicado terreno da vida sentimental. Perdi a conta dos casos em que o amor tinha virado um pesadelo na cama. O motivo: um homem machista! Em tantos anos de histórias diárias, essa sempre foi a maior queixa (fora a violência doméstica, da qual vamos falar mais adiante). Incrível a capacidade desse tipo de homem de reduzir uma mulher a zero, de mutilar seus sentimentos, de congelar o seu prazer, a ponto de nada mais reagir em seu corpo, esvaziado de sensualidade. Como requinte de crueldade, ela ainda é classificada clinicamente como "frígida", enquanto ele é quem precisa de um divã. Anulada como fêmea, perde o tesão pela vida.

É hora de perguntar: como isso acontece? Por que grande parte das mulheres é tão facilmente atingida em sua intimidade? E por que se deixam dominar pelas "opiniões" dos parceiros sobre elas? Vale dizer que nem é preciso ser capacho para passar por essa triste experiência. A diferença é que a mulher que sabe seu valor percebe que o amado está invertendo o jogo, que deve ser impotente emocional ou até fisicamente. Como tem medo de não dar conta do recado, desqualifica a companheira. Os casos de disfunção erétil e o sucesso do Viagra® estão aí para provar esse drama. Das duas uma: ou ela enfrenta a parada e faz esse homem cair na real, ajudando-o com seu amor a entender que cama não é ringue, e sim uma festa, ou cai fora e se dá a chance de encontrar alguém que saiba celebrar o sexo com ela. Sem críticas, cobranças e mentiras.

Com a frágil e submissa, o machista sai vitorioso. Dificilmente ela tem experiência sexual suficiente, ou então experiências gratificantes na área, para poder comparar as reações e os desempenhos masculinos. Apesar da liberação sexual feminina no mundo, essa mulher com perfil "capacho" ficou para trás por não ter autoconfiança para investir em novos relacionamentos, paralisada pelo medo da rejeição. Ainda hoje é comum encontrar aquelas que passam a vida inteira com um único parceiro. É raro ser um caso de "almas gêmeas", em geral é por moralismo e comodismo. Não se atrevem a desfazer o relacionamento, por acharem que não vão conseguir outro. Enganam-se usando o velho bordão "sou mulher de um homem só!" e se consolam com o chavão: "homem é tudo igual, só mudam os defeitos". Essa vivência pobre do sexo, que inclui não conhecer o próprio potencial para dar e receber prazer, leva-as a acreditar no que o "companheiro" disser sobre o seu jeito de transar. No lugar do elogio, vem a acusação: "Você é ruim de cama!". Está feito o estrago!

A situação em que o machista coloca a mulher é perversa: se é discreta na cama, recebe o rótulo de "fria", caso se empolgue, é chamada de prostituta. Se tenta se cuidar e ser feliz, é acusada de ter um amante. No fundo, ele quer descontar nela os seus recalques. Dessa forma, o corpo feminino deixa de responder ao toque, como uma revolta silenciosa a tamanha tortura psicológica. O pior é que ela é levada a interpretar isso como uma falha de sua feminilidade e não como uma conseqüência da devastação emocional a que é submetida. Quer, então, "consertar" esse "defeito" em seu corpo a qualquer preço, como se assim todo o problema do relacionamento fosse estar automaticamente resolvido. Um raciocínio equivocado, baseado novamente no complexo de culpa, que não a deixa enxergar o papel vergonhoso do homem nessa história ao roubar o seu direito ao prazer e ainda responsabilizá-la pela insatisfação sexual dele, acusando-a de incompetente na cama. Nem passa pela cabeça dela que possa estar saudável sexualmente e que as coisas não funcionem principalmente por causa dele.

Lembro-me que, no programa de rádio, muitas e muitas ouvintes se mostravam surpresas quando eu falava dessa possibilidade de não haver nada de errado com elas, ou, então, quando sugeria um exercício: se imaginar nos braços de outro tipo de homem – atencioso, carinhoso, cheio de amor pra dar – como forma de despertar a libido e se sentirem vivas novamente. Era incrível o espanto diante da idéia de que com outro parceiro seria possível explodir de desejo e chegar ao orgasmo, de que no fundo da geleira havia um vulcão. Enquanto se espantavam de um lado, eu me surpreendia de outro, ao ver como estavam traumatizadas e prisioneiras de uma visão de mundo em que não havia chance de felicidade para elas, reféns de uma mentalidade colonial que escraviza e pune a mulher em todas as suas dimensões, principalmente em sua liberdade individual. Ficava nítido no programa, através de seus depoimentos, que não conseguiam mais sonhar, tinham perdido a fantasia e só enxergavam o lado escuro da vida, convictas de que "casamento" era isso e ponto final. Só restava lamber as feridas.

O MÉDICO INFIEL

Soraia conheceu Roney em um congresso médico. Ela era repórter e ele, um neurologista em início de carreira. A paixão foi explosiva. Pelo menos da parte dela.

Com o tempo, Soraia deixou a revista onde trabalhava para montar um escritório de assessoria de imprensa. Seu principal cliente seria o próprio Roney. Usando seus conhecimentos no meio jornalístico, ela conseguia reportagens para o namorado (ela o considerava assim) em vários veículos de comunicação. Ele tinha o sonho de alcançar a fama. Para Roney não bastava ser conhecido na medicina, queria muito mais. Quem sabe um quadro em um programa de TV? Mas Soraia não estranhava tamanha ambição. Acreditava que, com ela, seu grande amor poderia fazer muito mais por seus pacientes.

Assim se passaram uns bons oito anos. Roney saia do consultório e, muitas vezes, ia para a casa de Soraia, onde tinham noites românticas. Porém, só não dizia o que ela mais queria ouvir: "eu te amo". Na cabeça dela, era por pura timidez, não fazia mal. E jamais fez cobranças de espécie alguma porque tinha medo, pavor de perdê-lo. Afinal, homem algum gosta de cobranças, não é?

O fato é que Soraia já havia ajudado – e muuuuito! – a transformar Roney em um especialista de renome. Claro, ele tinha seus méritos. Mas ela mostrou ao país que ele existia. Como assessora, o colocou em vários programas de TV, em inúmeras entrevistas a jornais e rádios. Também por isso, seu consultório, localizado num bairro nobre de São Paulo, vivia lotado.

Como Roney já estava mais que estabelecido, Soraia acreditou que a relação dos dois finalmente seria oficializada. Ela havia passado parte de sua vida se dedicando àquele homem, a quem amava de forma incondicional. Mas ele preferia o namoro em casas separadas.

Até que, uma noite, Soraia quis surpreender o amado. Era aniversário de namoro deles. Sem ser anunciada e sabendo que ele não estava com paciente na sala naquele instante, entrou cheia de paixão, segurando champanhe e duas taças. Mas deu de cara com o grande amor de sua vida transando com uma antiga secretária, em sua mesa de trabalho. Elegante e sem derramar uma lágrima sequer (Deus sabe como foi difícil para ela), Soraia juntou seus caquinhos, não quis ouvir uma palavra sequer e partiu. Jamais voltou a procurar o "doutor Roney". Chorou por uns bons meses, quase entrou em depressão, mas mergulhou no trabalho e segurou a onda na maior dignidade.

Quase três anos depois, Soraia soube por uma amiga que Roney havia sido roubado pela tal fulaninha. Roubado, não, "depenado". Passou a clinicar e a morar numa casa extremamente humilde. Não tinha dinheiro para dois aluguéis. Ninguém mais o procurava para entrevistas e ele foi naufragando, naufragando, até cair no anonimato, sem que Soraia, a mulher que sempre lhe estendeu a mão, fizesse absolutamente nada contra ele para se vingar. Não precisava. Ele conseguiu se destruir sozinho.

SEPARAÇÃO

Volta a teu campo livre,
Que tornarei a não ter fronteiras
Desiste da minha cerca
Que tiro de ti a minha farpa
Na gota do meu sangue,
Na relva do teu galope
Haveremos de sentir
Que não houve morte,
Apenas separação!

PRA SEMPRE

Temos um mudo compromisso
de nos amarmos à distância
de nos pertencermos vez por outra
de não rompermos o laço
E reinventarmos o amor
que a vida nos cobra
com outras pessoas
Mas nunca até o fim,
pois o último gole ainda será nosso
Mesmo que a sede seja adiada
Eternamente!

Brasileira gosta de sexo

Em meio a tanto drama na cama, uma constatação saudável: a mulher brasileira gosta de sexo! Essa é a boa notícia da pesquisa realizada pelo Projeto Sexualidade (ProSex) do Instituto de Psiquiatria do Hospital das Clínicas de São Paulo, comandado pela psiquiatra Carmita Abdo. E faz sentido, pois se a mulher não estivesse tão interessada em sexo, não sofreria e não estaria em busca de solução para os problemas que não a deixam sentir desejo, prazer e chegar ao orgasmo. De acordo com essa pesquisa, apenas 2,3% acham que sexo não tem nenhuma importância em sua vida, enquanto 10% não sentem desejo sexual. Já um dos últimos estudos do médico Moacir Costa (que morreu em 2007) aponta que 40% das brasileiras têm dificuldade de alcançar o prazer e estão insatisfeitas na cama, o que deixa claro que apenas "gostar de sexo" não resolve, embora seja fundamental. Vamos, então, tentar entender de maneira geral – pois esse assunto vai além da infelicidade gerada pela ligação capacho-machista – as origens desse desencontro entre os parceiros, que frustra ainda mais as mulheres do que os homens.

Entre os fatores apontados pelos sexólogos estão os seguintes:

1. A educação dada à mulher não estimula o sexo.
2. Falta de experiência/falta de diálogo.
3. A mulher desconhece seu corpo e o corpo masculino.
4. O homem desconhece o corpo feminino.
5. As etapas da excitação da mulher são diferentes das do homem.
6. Mulher associa sexo ao amor, homens não.
7. Homem divide mulher em duas classes: para casar e para transar.
8. A flutuação hormonal feminina.
9. Mágoas e rancores acumulados entre o casal.
10. Medo, culpa e vergonha associados ao sexo.

O desconhecimento do próprio corpo é característico da mulher: "Ela se toca muito pouco. 60% das mulheres entre 20 e 40 anos não se masturbam e não dizem aos parceiros onde gostam de ser estimuladas, muitas vezes porque nem conhecem a fundo suas zonas erógenas", concluiu o psiquiatra Moacir Costa em seu estudo.

Muitos homens também se mostram ignorantes no assunto, a ponto de desconhecerem que metade das mulheres não têm prazer vaginal, e sim, clitoriano. Em contrapartida, a educadora canadense Sue Johanson afirma que as mulheres não sabem o que é o orgasmo masculino e explica: "Ereção seguida de ejaculação não é orgasmo. Ele só acontece quando, após a ejaculação, o corpo do homem começa a formigar e os joelhos tremem".

Na verdade, falta diálogo na cama e fora dela. Para Sue Johanson, uma vida sexual prazerosa é difícil para quem não superar mágoas e rancores acumulados: "Se você está com raiva do marido, fatalmente vai evitar contato íntimo... E se essa recusa persistir, ele também se afasta", afirma a sexóloga.

Em pleno século XXI, as mulheres ainda têm pouca intimidade com a própria sexualidade, porque não são educadas para ver o sexo como parte importante da vida. São ensinadas a valorizar o amor, o casamento, a maternidade, o trabalho. Além disso, quando se fala em educação sexual hoje, em casa ou na escola, fala-se apenas em alertar sobre os riscos das doenças sexualmente transmissíveis e sobre métodos para evitar a gravidez. Assim, o sexo parece uma ameaça e não um prazer.

Para as mulheres ainda existe um antigo agravante: o sexo como arma de sedução para "prender" o homem, não como meio de sua própria satisfação íntima. Resultado: preocupada com seu desempenho na cama – porque pensa que só isso garantirá estabilidade, segurança e uma relação duradoura, seja por amor ou interesse –, ela se distancia do prazer. Ela se exibe para o parceiro como uma verdadeira atleta sexual, sem se dar chance de curtir cada sensação, cada etapa da excitação, cada minuto de entrega. Na verdade, não "relaxa e goza" porque só tem um objetivo: ser uma amante perfeita. Como para ela isso inclui a obrigação do orgasmo, de preferência múltiplos, muitas vezes finge o clímax, porque chegar lá é impossível sob tanta pressão interna. Com essa visão distorcida do sexo, só consegue ficar exausta e insegura (sempre se perguntando "será que não falhei em nada? Fui boa de cama? Irresistível? Melhor que as outras?", etc.). Adeus naturalidade, espontaneidade, autenticidade. A cama se torna um palco e sua "atuação" com o parceiro, uma coisa artificial, mecânica, que parece seguir um *script* ou um manual de instruções. É só uma questão de tempo para que dentro dela se instale o vazio e a frustração. Afinal, não tem prazer e o que proporciona ao homem é falso, já que não se trata de fruto de uma verdadeira entrega, aquela que vem do corpo e da alma.

Se o sexo unicamente como arma de sedução é um problema feminino, para o homem a coisa pega ao dividir a mulher em duas categorias: a para casar e aquela que é para transar. Uma mentalidade que vem sendo ultrapassada, mas ainda é conseqüência de uma sociedade esquizofrênica, que criou essa dicotomia na cabeça masculina: o macho e o marido. O macho está sempre em busca da mulher para "consumo imediato", como forma de prazer, enquanto o marido tem a esposa, ou seja, a "sua mulher", exclusiva e mãe de seus filhos, o que garante a estrutura de uma família, mas geralmente exclui o erotismo. Nesse contexto, transar significa poder soltar a fantasia, não ter compromisso, envolvimento, exigências (além dela ser "bonita e gostosa"), nada de exclusividade, que seja um objeto sexual e, como tal, descartável. Nesse lance a "variedade" de mulheres é fundamental. Quem nunca ouviu falar do sonho masculino de ter "dinheiro, carrões e mulheres"? Não tem nada a ver com amor, só atração e diversão. Já para casar, ele quer uma mulher com "currículo": jovem, bonita, inteligente, mas, principalmente, honesta e fiel (como garantia de exclusividade), para ser a dona de sua casa e mãe de seus filhos, de preferência para toda a vida, mesmo quando o amor chegar ao fim. Sim, ele também se casa por amor, mas não precisa dele para continuar casado. Geralmente, quando a paixão e o tesão pela "titular" acabam, ele continua em casa, porque o importante é a estrutura familiar, que está acima do romantismo. A esposa também não abre mão da estabilidade em troca de alguns orgasmos. Surge um acordo silencioso (e por vezes rancoroso) entre o casal. Para a "rainha do lar" sobra um trono em vez de uma boa cama (no sentido sexual mesmo!). E como o papel de marido não exclui o de macho, ele passa a "acumular funções": transa na rua e mantém a sua "exclusiva" em casa, com ou sem sexo, dependendo da fase que o casamento esteja atravessando. Se por acaso vier a se apaixonar por uma das parceiras eventuais, aí surge a clássica figura da amante, da "outra", e o esquema de vidas paralelas. Como este livro trata dos sentimentos femininos em relação ao homem, acho que a pergunta principal é essa: qual a qualidade do sexo que esse homem dividido proporciona à mulher? Não é muito difícil imaginar que sempre deixe a desejar: no sexo casual não se preocupa em dar prazer à parceira, só em usufruir. Com a esposa, é conservador e limitado (afinal, ela é a santa mãe de seus filhinhos), e com a amante, que representa o erotismo ausente em seu casamento, e ao lado de quem é permitido "pecar", ele se entrega, mas só pela metade.

O grande desafio do século XXI é fazer com que homens e mulheres abandonem seus velhos papéis na cama e sejam apenas eles mesmos, genuinamente interessados em dar e receber prazer. Afinal, a liberação sexual trouxe quantidade e variedade, mas qualidade ainda é um aprendizado de todos. São as amarras da educação tradicional, cheia de tabus e preconceitos, que criaram um homem machista e uma mulher reprimida, ainda fazendo seus estragos. Mas estamos progredindo bastante... Sabemos que já existe um novo homem, que investe numa boa vida sexual com a companheira, para manter acesa a chama da atração no relacionamento (inclusive no casamento), que investe no amor, e não divide as mulheres em categorias, assim como está aí uma nova mulher, que sabe o que quer na cama e na vida. Tanto é que a tendência é de que as relações durem apenas enquanto existir o amor, o que já vem levando a uma sucessão de uniões monogâmicas, possibilitando ao homem e à mulher se colocarem por inteiro em cada uma delas, livres do peso de um casamento de fachada, que os mantém juntos em nome da estrutura familiar e financeira, trazendo como uma das conseqüências os complicados casos extraconjugais, quando surgem novos amores. Hoje em dia, com a mulher no mercado de trabalho, ganhando o próprio sustento, tem ficado mais fácil a separação. Com a liberação dos costumes, novos modelos familiares vêm se formando, e, com a guarda compartilhada, nem filhos prendem mais os casais. E estar solteira também deixou de ser um pesadelo e tem virado até opção. As mulheres estão percebendo que sexo sem amor também pode ser bom, desde que ambos desejem isso, e que não signifique a "coisificação" da mulher nem a sua submissão para manter um relacionamento. Mas mesmo no sexo casual, sem envolvimento, ela continuará a querer duas coisas: atenção e carinho!

Exemplo disso é o estudo intitulado "Disfunção Sexual Feminina", publicado pela pesquisadora canadense Rosemary Basson no *Canadian Medical Association Journal*, que lança uma luz sobre o funcionamento físico e psíquico da mulher nessa área. Ela demonstra que as mulheres têm um ciclo de reações físicas e emocionais diferente dos homens na cama. Para eles, basta uma fantasia ou um estímulo visual para iniciar a seqüência desejo-excitação-orgasmo-relaxamento, mas para elas é necessária uma etapa a mais: estimulação, ou seja, as preliminares, para ter vontade de fazer sexo. Segundo Basson, a maioria precisa ser tocada, acolhida, acariciada e estimulada. Isso explica porque as mulheres preferem sexo com amor e porque os homens separam uma coisa da outra, já que não têm necessidade de "acolhimento". Por isso também especialistas costumam generalizar dizendo que "as mulheres precisam de 30 minutos para atingir a excitação que os homens conseguem em 30 segundos". A natureza feminina é mais complexa psicologicamente, por isso de pouco adianta a mulher correr para o médico em busca de um remédio para sua falta de desejo, pois isso funciona apenas para uma minoria de 13% que sofre com o desequilíbrio hormonal. Para a maioria, não vale alterar as taxas de testosterona – responsável pela vontade de fazer sexo – e estrógeno – que prepara o corpo para o ato sexual – porque a causa da ausência de desejo é emocional. De acordo com o Projeto

Sexualidade (ProSex), do Instituto de Psiquiatria do Hospital das Clínicas, "o aspecto psíquico pode bloquear o lado biológico. Tanto assim que, mesmo com os hormônios no pico mais alto, uma mulher que não estiver disponível emocionalmente, não vai sentir vontade de fazer sexo".

O balanço das relações frustradas feito pelo ProSex, é o seguinte:

1. 27% têm dificuldade de se excitar.
2. 26,2% têm problemas para chegar ao orgasmo.
3. 18% têm dores nas relações sexuais.
4. 8,2% têm total falta de desejo.

Ainda segundo o ProSex, da década de 60 até hoje, antecipou-se em cinco anos o início da vida sexual feminina, que agora é aos 17, mas, em compensação, elas se casam mais tarde, aos 30. Nesse tempo maior como solteiras, se relacionam com vários parceiros antes de assumir o compromisso. Para a psiquiatra Carmita Abdo trata-se de um aspecto saudável: "O fato de as mulheres poderem comparar seus parceiros mudou a qualidade da relação e hoje os homens se preocupam em proporcionar prazer às suas companheiras. Por outro lado, muitas estão abrindo mão da necessidade de carinho, de aconchego, em favor de uma vida sexual mais ativa". Sem dúvida, novos padrões de comportamento que podem levar homens e mulheres à tão sonhada harmonia na cama. Para Moacir Costa, a condição feminina continua a evoluir e grande parte das mulheres maduras já está bem resolvida: "Elas já passaram por muitas etapas de desenvolvimento sexual e emocional e se permitiram ter e satisfazer suas fantasias".

FANTASMA

Libertamos do peito
O fantasma da paixão
Que voou livre
Em nossa cama
Branco em nosso beijo
E envolveu em seu lençol
O encontro fugaz
De nossos corpos
Ainda úmidos de passado

DESTINO

Tua transparência
me fez perder o juízo
Não pode ser apenas coincidência
encontrar todos os meus dentes
no teu sorriso

Ele gosta de humilhar

O machista tem necessidade de humilhar a mulher, tem prazer nisso, já que se trata de uma forma cruel e eficaz de atingir o alvo. É uma pena, mas raramente falha. A cada frase de desdém, a cada crítica, a cada olhar gelado, a cada grosseria e atitudes de rejeição na cama, ele vai minando a energia da parceira, que se sente impotente nesse jogo tão pesado, frustrada e envergonhada. É verdade: sente vergonha de si mesma, se acha uma fraude, um lixo, graças ao tratamento "vip" que recebe do lado masculino, que insiste em diminuí-la, de preferência na frente dos outros. Adora uma platéia para sua atuação grosseira, que inclui gritar com ela. É esse mesmo homem que vive comparando a parceira com as garotas nuas das revistas masculinas, que conta a velha piada de trocar "uma de quarenta por duas de vinte" ou "uma de cinqüenta por duas de vinte e cinco" e coisas do gênero. É ele também quem diz "isso é que é mulher e não aquilo que eu tenho lá em casa!" ou "você está ridícula", quando ela usa um vestido novo ou corta o cabelo. Esse machista olha descaradamente para outra na frente da companheira, paquera a amiga dela, não faz segredo da amante, muito pelo contrário. Ela sofre calada, se odeia por "ser tão pouco" para ele, odeia também esse homem por tratá-la assim, mas não reage, volta essa raiva contra si mesma. E adoece. De depressão, síndrome do pânico, bulimia, anorexia, diabetes, vitiligo, arritmia, fibromialgia e outras enfermidades associadas a desordens emocionais, transtornos de ansiedade e estresse total. Pode ainda se tornar uma ciumenta obsessiva, numa vã tentativa de inverter o sistema de controle do outro e não perder esse homem, que é o seu algoz, mas é o único que tem na vida. Num desdobramento, passa a enxergar em cada mulher uma "concorrente" e se desespera, pois, como não tem auto-estima, acha que qualquer "rival" é melhor do que ela e vai "roubar" "seu" homem (aquele com h bem minúsculo mesmo...). Em suma, continua se sentindo uma perdedora na vida! Nesse caldeirão de emoções contraditórias, pode ferver também o sentimento de vingança. Aí mora o perigo!

PERDEU, PLAYBOY!

"Quando eu tinha 14 anos, Rey era o máximo como surfista. A gente morava em Floripa e ele arrasava em Joaquina e outras praias da ilha. Era 'o gato'. Loiríssimo, pele queimada do sol, jeito maneiro, aquelas coisas que deixam qualquer garota apaixonada. Rey 'se sentia' e o apelido não era por acaso. Seu nome verdadeiro era Graucio (é, com R, mesmo!), mas ninguém ousava chamá-lo assim. E eu era a bobinha que sonhava até acordada com ele. Rey tinha 19 anos e só queria pegar as garotas bonitas (ah, ele dizia que eu era desajeitada!), experientes, com grana... Ria de mim no meio da galera e instigava todo mundo a fazer o mesmo. Só que quando não tinha ninguém por perto, ficava sentado um tempão ao meu lado na areia. Parecia outra pessoa. Era simples, carinhoso, dizia que um dia, quem sabe, me namoraria. E aquele 'quem sabe' alimentou minhas ilusões por mais quatro anos.

Um domingo qualquer, Rey perdeu um campeonato e sobrou para mim. Queria bancar o gostoso no meio da turma e me humilhou a mil. Disse que a culpa era minha, que eu não o deixava em paz, que era uma filha de pescador... Me disse um palavrão no meio da praia e eu, mais uma vez, corri para chorar no travesseiro.

Não sei o que aconteceu comigo na manhã seguinte. Acho que Nossa Senhora dos Navegantes me fez acordar. Ao abrir os olhos me senti outra garota. E disse pra mim mesma: 'nunca mais vou derramar uma lágrima por causa desse manezinho'. Dito e feito. Com a ajuda de minha irmã, comecei a me produzir melhor, passei no vestibular para Biologia e botei minha auto-estima lá em cima.

Seis meses depois, conheci Maurício, de 25 anos, um professor da universidade, ex-campeão de surfe. Uma fera, lindo, inteligente, divertido, nascido em uma família maravilhosa... E melhor: se apaixonou à primeira vista por mim!

Como ele não me dava aulas, começamos a namorar sem problemas. Um ano depois, encontramos uma moçada conhecida de Maurício num barzinho. E sabe quem estava ali, no meio, todo detonado? O babaca do Rey, que de majestade não tinha mais nada. Adorei saber que já não ganhava nem campeonato de botão! Estava meio careca (nada contra os carecas, hein?), barrigudinho, com umas roupas sinistras, esquisito mesmo.

Maurício me apresentou como a mulher de sua vida e eu amei ver a cara de raiva do 'Rey Graucio, o falido'! Aliás, dias depois estava batendo à minha porta e implorando para ficar com ele. Mas foi tão gostoso, tão gostoso... Respondi um sonoro 'perdeu, playboy', e ele chorou dizendo que sempre gostou de mim, mas que não pegava bem para ele, naquela época, namorar uma menina de pé no chão. No entanto, jamais seria feliz sem mim, a única garota que fazia tudo por ele. Ah, que delícia! Soltei um delicioso 'agora é tarde' e botei o infeliz para correr. Senti orgulho de mim por vingar todas as mulheres que já foram pisadas como eu fui.

E sabe o que é mais legal dessa história? Expulsei Rey definitivamente da minha vida porque já não sentia mais nada por ele! Juro! Apenas um desprezo total! Eu estava apaixonada por um gatão gostosíssimo e que também me amava e isso era – e continua sendo - tudo de bom!"

Marisa A., Florianópolis, SC

REVOLTA

Eu me revolto
Contra minhas próprias regras
E desprezo todas as minhas decisões
E te busco depois de te mandar embora
E te amo muito mais
Do que quando te matei em mim.

A hora da vingança

O velho ditado "a melhor vingança é ser feliz" não faz o menor sentido na cabeça da mulher capacho. Toda a frustração de um relacionamento mal resolvido, todo o medo de perder o seu inferno particular ao lado de um homem que a maltrata e não lhe dá valor, toda a raiva por não ser correspondida naquilo que pensa ser amor, ela costuma descontar em si mesma, sofrendo ainda mais. Mas isso não quer dizer que não venha a querer revanche quando sentir que chegou ao fim da linha com esse homem. E surge a capacho vingativa, que pode ir às últimas conseqüências, já que não tem mais nada a perder. Em vez de usar sua energia para superar essa história, se renovar e partir para outra, segura e amadurecida, prefere focar na destruição do ex. Pode começar por persegui-lo, depois acabar com seus namoros, torcer para que perca o emprego, fique impotente, sofra um acidente... Qualquer desgraça serve. Ela não percebe que vai se afundando no rancor, se envenenando com tanto ódio, se ferindo na insistência de fazer desse homem o centro de sua vida, mesmo que pelo avesso. Não cresce emocionalmente, não evolui espiritualmente. Só envelhece por dentro e por fora, obcecada por vingança, cheia de más vibrações. Se não se cuidar, se não buscar ajuda – uma terapia seria ótimo –, se a família e os amigos não interferirem para romper esse ciclo, vira uma coisa doentia e, sem exagero, pode ser um atalho para o crime passional. Ela não vai admitir que o ex seja feliz com outra, depois do tanto que se dedicou a ele, de ter se sacrificado por ele, de ter feito tudo por ele. Não suporta ter sido rejeitada, traída, abandonada, após pagar o preço de tanta humilhação para não perdê-lo. Nesse ponto, entre a fúria e o desespero,vai preferir a morte.... dele. Todo cuidado é pouco!

PRECE

Na minha missa íntima de todos os dias
não há sermão encomendado
só comunhão entre a fé e o pecado
Me absolvo sem culpa e penitência
rezo uma Ave Maria sem peso na consciência
E não me confesso jamais!
Deus sabe os meus segredos,
as tentações no caminho,
minhas pedras, desejos e espinhos.
E não briga comigo. É Pai e Amigo!
Me abençoa e fortalece.
A vida é uma prece...

Virar o jogo ou cair fora

Acho impossível um relacionamento capacho-machista ter conserto, sou radical e aconselho a colocar um ponto final. Mas tem mulher que deseja virar o jogo a seu favor, por ainda amar o parceiro. Tanto para aquela que quer dar uma segunda chance como para a que quer cair fora – a decisão mais realista e saudável –, a primeira atitude é a mesma: enfrentar a fera! Para isso, tem que se armar e vai precisar de muita munição. Aqui está uma estratégia básica para seu ataque e defesa que, no mínimo, servirá como um treinamento para, um dia, ganhar a guerra:

- Entenda que ele não é o dono da verdade. Portanto, não aceite a imagem cheia de defeitos e limitações que criou de você só para fazê-la se sentir inferior. É golpe baixo!
- Tenha força de vontade para virar o jogo. Não desista. Vá se blindando por dentro, enquanto cria condições e coragem para largar esse homem que não é um parceiro, mas sim um "castigo".

- Aceite a dura verdade: você não é apenas vítima desse machista, mas também cúmplice dele, já que permite ser maltratada.
- E você permite ser maltratada porque tem medo! Para combater isso, só com amor-próprio, autoconfiança e auto-estima.
- Amor-próprio, autoconfiança e auto-estima se conquistam através do autoconhecimento. Mergulhe em você mesma. Tente se ver por dentro com olhos amorosos. Reconheça e valorize suas qualidades. Garanto que terá uma boa surpresa!
- Não aceite humilhação. Reaja sempre!
- Sim, ele vai piorar quando você reagir, mas seja firme. Defenda com unhas e dentes o direito de ser o que é. Nada de pressão ou agressão. Chega!
- Deixe claro que você não é propriedade dele. Nem sombra. Você é uma mulher por inteiro, o que inclui uma cabeça que funciona sozinha. Está na hora de pensar no que realmente quer e fazer suas escolhas.
- É seu direito ser amada de verdade. Se ele não tem esse amor para dar, pode ter certeza: existe alguém que terá. Você merece!
- Não vá para a cama com ele à força. A cada vez que você cede, se desrespeita. É uma violência contra você mesma e não se deve pagar esse preço para evitar uma briga, por medo de perdê-lo, de que arrume outra ou até mesmo de apanhar. Deixe claro que não concorda mais em ser usada e desprezada. Se ele a deseja, que lute para reconquistá-la! Se partir para a agressão física ou sexual, aí já é caso de polícia!
- Mostre que você não está sozinha. Por mais que ele tenha se esforçado em isolá-la do mundo, sua família e seus amigos ainda continuam por perto, dispostos a apoiá-la em tudo.
- Tenha uma pessoa de confiança para conversar. Se puder falar com outras mulheres que já passaram por isso e superaram, será uma troca de experiências muito positiva. Um incenti-

vo para não se conformar com uma relação que só faz mal. Procure grupos de apoio. Se tiver possibilidade, uma terapia é recomendável. Existem lugares em que o atendimento é gratuito. Informe-se!

- Perceba que essa relação é de boicote e sabotagem, não há espaço para diálogo, companheirismo, carinho, apoio, generosidade de sentimentos. E responda sinceramente: vale a pena?
- Aprenda que é possível ser feliz sem um homem do lado ou, pelo menos, ser feliz sem esse machista do seu lado...

É TARDE!

Agora que se foi
A lágrima noturna
Agora que recompus o coração
Agora que sobrevivo
Sem seguir seu vulto
E me desfiz da sombra
De suas contradições
Agora que trinquei em meus olhos
Sua imagem
É que a vida me abre
Os caminhos de você
Agora que o amor desistiu
Nos compassos da espera
E eu me encontro imune
Aos meus próprios sonhos

Violência doméstica

Da agressão verbal e psicológica à agressão física e sexual, pode não haver uma distância tão grande quanto se imagina. É bom não contar com a sorte e nem deixar tudo nas mãos de Deus. Você tem que agir, antes que seja tarde!

A Secretaria Especial de Política para as Mulheres fez um levantamento mostrando que o número de denúncias de violência doméstica pelo 180 – número da central de atendimento à mulher – aumentou 107% nos seis primeiros meses de 2008 em relação ao mesmo período de 2007, chegando a 121 mil ligações. A Secretaria divulgou ainda uma pesquisa realizada pelo Ibope e Themis (Assessoria Jurídica de Estudos de Gênero) demonstrando que 68% das pessoas têm conhecimento da Lei Maria da Penha, que pune a violência doméstica contra a mulher. Outro ponto positivo é que cresce o interesse da população em se informar sobre o assunto: no primeiro semestre de 2007 foram 11 mil ligações para o 180 pedindo esclarecimentos sobre a lei, enquanto no mesmo período de 2008 o número chegou a 45 mil, ou seja, três vezes e meia a mais. Mais um dado interessante é que, apesar disso, 42% dos entrevistados acham que as mulheres não procuram as delegacias especializadas ao serem agredidas pelos companheiros.

A realidade, porém, é outra: o levantamento mostra que 61,5% das mulheres informaram ser agredidas todos os dias, e 17,8%, semanalmente. Como já era de se esperar, 63,9% das agressões partem dos parceiros, que estavam bêbados ou drogados, casos que chegam a 58% dos registros. Dos atendimentos feitos pelo 180, 5.879 eram de violência física, 104 tentativas de homicídio e 2.278 ameaças de agressão. Quatro dessas denúncias resultaram em homicídio, ou seja, mulheres assassinadas.

Segundo a subsecretária Aparecida Gonçalves, da área de Enfrentamento à Violência da Secretaria Especial de Políticas para as Mulheres, trata-se de uma questão cultural e justifica: "Se fosse só a agressão em si, o homem bateria num amigo do bar, não na mulher, ao chegar em casa".

A maior parte das mulheres que usam o serviço de apoio é negra (37,6%), tem entre 20 e 40 anos (52,6%), é casada (23,8%) e cursou parte ou todo o ensino fundamental (32,8%). As campeãs em denúncia são do Distrito Federal, com 132,8 ligações a cada grupo de 50 mil mulheres, seguidas de perto por São Paulo, com 96,4 atendimentos em grupo igual. Na seqüência, vêm Pará e Goiás. Já Acre, Maranhão e Amazonas são os últimos colocados. De acordo com a ministra da Secretaria, Nilcéia Freire, os serviços e as estruturas de atendimento às mulheres ainda são pouco conhecidos e, por isso, as pessoas – 42% dos entrevistados – acreditam que as denúncias não são feitas. E afirma: "Ainda é preciso avançar na criação de varas especiais nos tribunais para tratar dos casos de agressão à mulher". A ministra também comentou a postura de alguns juízes que insistem em não seguir o que determina a Lei Maria da Penha – que completou 2 anos em 2008 – e disse: "Isso causa preocupação. Recentemente, um magistrado de primeira instância do Rio Grande do Sul declarou que a lei é um malefício para a sociedade. Felizmente, não é a opinião da maioria dos magistrados, mas elas existem".

Nilcéia Freire também esclareceu um ponto da mentalidade machista que ajuda a confundir a sociedade e a deixar agressores impunes: que briga de casal e agressão à mulher são a mesma coisa. A ministra explica: "Nos casos de violência doméstica não há simplesmente uma briga, um desentendimento de casal. O que existe é a violência sistemática, onde há o exercício do poder de um sobre o outro".

AMARGO VENENO

O drama vivido há uns cinco anos por uma médica carioca cujo primeiro nome é Ângela chocou meio mundo. Linda, bem-sucedida no trabalho, milionária de berço e requintada, optou por não ter filhos apesar do casamento estável com o engenheiro Rodrigo.

Durante o relacionamento de nove anos com o marido, Ângela se manteve à frente dos negócios de ambos, dava conta do trabalho em sua clínica e não dependia dele para nada. E dizia a todos que o amava.

Diferentemente da esposa, Rodrigo ia para o escritório – comprado por ela, diga-se de passagem – umas três vezes por semana, passava lá umas quatro horas e depois se divertia no golfe com os amigos, na farra em geral. Sem que a mulher comprovasse, tinha duas amantes fixas, mas ainda lhe sobrava fôlego para muito mais.

Apesar das suspeitas, Ângela bancava o marido porque lhe era conveniente e, cá entre nós, até deu uma escapadinha certa vez.

Nada sério. Até que, de repente, passou a sentir um mal-estar sem explicação. Vertigens, vômitos, enrijecimento muscular, dores de cabeça... Em dois meses, os sintomas haviam piorado e ninguém dava um diagnóstico. Fez tomografia, outros exames de precisão e nada. Enquanto isso, Rodrigo, casado com Ângela com separação de bens, curtia a vida, com a grana alta das contas conjuntas no banco.

Numa manhã, enquanto ele fazia uma viagem ao Espírito Santo, a médica começou a vasculhar suas coisas. Virou o armário do avesso, até que achou uma caixa de remédios. Entre eles havia um potinho sem rótulo, com um estranho pó branco dentro.

Ângela mandou uma amostra para análise e o resultado foi aterrorizante: era estricnina, poderoso veneno que mata sem deixar vestígio no organismo. Ela estava sendo assassinada de forma lenta e silenciosa. Rodrigo devia colocar o veneno em sua comida e bebida sem que ela percebesse, apesar do gosto amargo. Queria vê-la morta para apoderar-se de todo o seu patrimônio, uma vez que seria seu herdeiro por direito. Melhor: sem levantar qualquer suspeita sobre o crime.

Imediatamente, Ângela acionou os advogados e botou um detetive na cola do companheiro para obter provas. Registrou com imagens a existência das amantes (cada uma tinha um apartamento dado por ele com o dinheiro dela, é claro!), bloqueou as contas do oportunista, o colocou na rua e abriu processo por tentativa de homicídio.

Ângela fez tudo de forma tão rápida e precisa que Rodrigo não teve tempo de reagir. Ficou na rua da amargura, sem um centavo sequer, sem casa, sem os amigos, sem as amantes (quem o queria pobre? Existe vingança melhor?), sem dignidade, acusado de assassinato... O problema é: a denúncia não deu em nada. O juiz entendeu que qualquer um poderia estar envenenando Ângela e que não havia provas concretas de que o crime vinha sendo praticado pelo engenheiro. Ele ficou marcado pela suspeita, ficou sem um tostão, porém livre das garras da lei.

Ângela recuperou a saúde, mas também passou a conviver com o fantasma da suspeita. No julgamento, os defensores de Rodrigo a acusaram de ter forjado o próprio envenenamento (por que ela não havia sido morta com uma única dose?) para se vingar das traições do marido, colocando-o atrás das grades. Até hoje, ela não se conforma...

CONTRADIÇÃO

Penso não te amar
Mas te transformo sempre
Em meus versos
Te sinto como um marasmo
Te repudio calmamente
Mas és sempre a minha
Contradição
Te quero sem fúria,
Com lentidão e desprezo,
Mas gritas mais alto
Em minha solidão!

A Lei Maria da Penha

Em maio de 1983, a cearense Maria da Penha Maia Fernandes estava dormindo quando o marido lhe deu um tiro nas costas. Ficou paraplégica aos 38 anos, mãe de três filhas, a mais velha com 6 anos, e a caçula com 2. Foram 4 meses de hospital, muita dor física e emocional, até voltar pra casa numa cadeira de rodas. Biofarmacêutica com mestrado na Universidade de São Paulo, não sabia como seria sua vida dali em diante, quando veio outro choque: ele tentou assassiná-la novamente, desta vez eletrocutando-a. O colombiano Marco Antonio Heredia Viveros, professor universitário, deu sinais claros de que não sossegaria enquanto sua mulher, Maria da Penha, não estivesse morta. Na primeira tentativa de acabar com ela, simulou um assalto após o tiro, mas na segunda tudo foi descoberto. Só que o Brasil ainda engatinhava na questão da violência contra a mulher nos anos 80. Tanto que demorou 15 anos para que Viveros fosse julgado pelo crime e, mesmo condenado duas vezes, saiu livre do tribunal por causa dos recursos previstos em lei. A sede de justiça de Maria da Penha a levou a denunciar seu caso à Comissão Interamericana dos Direitos Humanos da Organização dos Estados Americanos, que pela primeira vez acatou a denúncia de um crime de violência doméstica. Assim, em 2001, a OEA condenou o Brasil pela OMISSÃO, TOLERÂNCIA E IMPUNIDADE com que tratava os casos de violência doméstica e recomendou AÇÕES, como MUDAR A LEGISLAÇÃO para COIBIR A VIOLÊNCIA CONTRA A MULHER e PAGAR REPARAÇÃO À VÍTIMA. Resultado: um ano depois, em 2002, graças a essa pressão internacional, Viveros foi preso. Pegou apenas dez anos de cadeia, dos quais só dois cumpridos em regime fechado. Ficou praticamente impune e, hoje em dia, está em liberdade. Apesar da pena leve para o criminoso, Maria da Penha não desistiu de sua luta e conseguiu a maior vitória em 2006, aos 63 anos de idade, quando esteve presente à cerimônia no Palácio do Planalto em que o presidente Lula sancionou a Lei de Violência Doméstica e Familiar Contra a Mulher, de número 11.340/06, no dia 7 de agosto. Emocionada, ela recebeu a homenagem de ter essa primeira lei federal dirigida ao assunto batizada com seu nome, Lei Maria da Penha, que entrou em vigor no dia 22 de setembro do mesmo ano.

Desde o século XVIII, as mulheres lutam pelos seus direitos em todo o mundo, mas no Brasil – onde uma em cada cinco mulheres já sofreu algum tipo de violência física, sexual ou outro abuso praticado por um homem (dados da Fundação Perseu Abramos) –, só no século XXI ganhamos lei específica sobre a violência doméstica. Segundo pesquisa do Ibope/Themis (uma ONG gaúcha) sobre a Lei Maria da Penha, 68% da população brasileira já ouviu falar da lei, enquanto outros 82% conhecem a sua eficácia. Ao contrário, 32% nunca ouviram falar da lei, 20% acreditam que a lei coloca o agressor na cadeia e 33% acham que ela inibe a violência doméstica. Finalizando, 38% acham que, após serem agredidas, as vítimas procuram as Delegacias da Mulher, 19% crêem que elas vão a outras delegacias e, como já vimos, a maioria de 42% é da opinião de que as mulheres não procuram o serviço de apoio. Essa consulta foi realizada em julho de 2008, com 2.002 entrevistados em 142 municípios brasileiros. A margem de erro é de dois pontos percentuais para mais ou para menos.

Por isso, é fundamental deixar bem claro a importância dessa lei e o avanço que representou para todas nós. Antes, o crime de violência doméstica era considerado de "menor potencial ofensivo" e julgado nos juizados especiais criminais junto a causas como brigas de vizinhos e acidentes de trânsito e a "pena" era pecuniária, ou seja, o "condenado" pagava pelo "crime" em cestas básicas ou multas. A Lei Maria da Penha acabou com essa palhaçada, pois alterou o Código Penal em favor das mulheres nessa área. Desde que entrou em vigor, o agressor passou a poder ser preso em flagrante ou ter sua prisão preventiva decretada, além de que o tempo máximo de permanência na cadeia aumentou de 1 para 3 anos.

A lei trouxe também um outro avanço ao considerar que sua aplicação independe da orientação sexual das pessoas envolvidas, reconhecimento às relações homoafetivas. O Brasil seguiu também a segunda recomendação da Organização dos Estados Americanos: reparação à vítima. Em março de 2008, a cidadã Maria da Penha Maia Fernandes foi comunicada pelo governo do Ceará do pagamento de indenização de 60 mil reais por ter ficado paraplégica ao levar um tiro do marido. E comentou: "É um valor simbólico, muito menos do que gastei para recuperar um pouquinho da saúde. Mas demonstra uma preocupação internacional contra a impunidade". Ela continua na luta pelos direitos femininos: "Tenho viajado muito pelo país e convivido com as pessoas nas comunidades, e vivemos um momento muito positivo para a lei. Tem pessoas que me dizem: 'quando meu vizinho foi preso por bater na mulher dele, meu marido nunca mais me bateu!'. Conto minha história para que as mulheres agredidas não sintam vergonha de pedir ajuda nas Delegacias da Mulher e em Casas de Apoio". E cobra também dos governos medidas cada vez melhores para acabar com a violência doméstica e sexual.

Vale ter sempre em mente o que diz o artigo 5º da Lei Maria da Penha:

"Art. 5º - Para os efeitos desta Lei, configura violência doméstica e familiar contra a mulher qualquer ação ou omissão baseada no gênero que lhe causa morte, sofrimento físico, sexual ou psicológico e dano moral ou patrimonial."

Saiba usar essa conquista! REAJA! DENUNCIE!

SOMBRA

O fino pó da vidraça
Embaça a visão do antigo tempo
E a nossa era
Se resguarda da memória
Se esconde atrás da cortina
Há tua sombra
Na sala do passado
Há meu silêncio
Entre os ponteiros do relógio
A vida está parada
No coração de cristal
À cabeceira da cama.

A capacho moralista

Pior que um homem machista, só uma mulher machista. E a capacho moralista é exatamente assim. Como não tem onde se segurar, não é sua própria âncora, não desenvolveu seus próprios valores, agarra-se com unhas e dentes à velha ordem mundial. Desse modo fica "mais fácil" a vida para ela: é só seguir o modelo tradicional. Ela, aliás, fará isso com total rigidez, porque qualquer ar de mudança parece uma ameaça à sua presença no mundo, qualquer vento de novidade parece que vai desmontar sua vida.

Esse tipo de mulher concorda em colocar sua existência nas mãos de um homem e dar-lhe poder sobre sua vida; quer ser cuidada por ele como criança, com direito a mimos, mas também, como verá com o tempo, receberá castigos em troca. Claro que ela só encontra seu lugar no mundo através do casamento, como manda o figurino, e paga qualquer preço para conseguir um marido. É aquela que se casa até sem amor, mas amando ou não, se prontifica a obedecê-lo cegamente. Como machista, vê com naturalidade o homem como superior à mulher, dono do mundo –, e do seu em particular –, não discute sua autoridade como chefe de família e patrão, tratando-o como seu amo e senhor. Esse comportamento não depende de idade e classe social, mas da carência afetiva e desvalorização de cada uma. Tanto que a capacho moralista não faz nada sem o marido, pede autorização pra tudo, e diz "amém" a cada ordem dele. É do tipo que vai completar bodas de ouro sem questionar o companheiro, sem crescer como mulher e indivíduo, sem abrir novos horizontes para o casamento, alimentando uma dependência total do marido e da família, convicta de que a mulher nasceu para servir, servir, servir, obedecer, obedecer, obedecer. Como no íntimo sabe o desgaste emocional que isso lhe custa, parte para a fantasia, pois tem que acreditar que tudo vai bem: comporta-se como um exemplo de mulher – recatada, honesta, prendada –, dona de uma família de comercial de margarina, e sente-se invejada por todas as outras que não se enquadram nesse esquema, ou seja, não conquistaram o "paraíso".

Na verdade, ela pode ter um marido abominável, ser maltratada, desprezada, usada como objeto de cama e mesa, ter filhos problemáticos, ser escrava em vez de "rainha do lar", mas mesmo assim se coloca como melhor que as outras porque é casada. Também sempre acha que as "outras" sentem inveja dela por ter marido e ser mãe. Só que é ela quem inveja profundamente a liberdade, os vários amores, a vida sexual, a independência daquelas que romperam com os padrões, que tomam suas próprias decisões, fazem suas escolhas e sabem arcar com as conseqüências, que não quiseram se casar, que tiveram filhos ou não de acordo com a própria vontade, que têm a coragem de correr riscos, de cair e levantar, de dizer não, brigar, desobedecer, ditar seus próprios mandamentos, que se unem a um homem só por amor e sem colocar nas mãos dele a responsabilidade pela sua felicidade, etc. Todas essas coisas que ela não conseguiu por medo e insegurança, preferindo se esconder atrás de um marido, seu escudo e sua cruz.

A capacho moralista, por acumular frustrações por baixo do pano, costuma se tornar fofoqueira, falar mal de tudo, fazer intriga, torcer pela infelicidade das outras no amor, a fim de se convencer de que ela é quem está certa em seguir uma vida medíocre, geralmente com um homem idem. Dependendo do caráter ou da falta dele, essa mulher pode ir mais longe, chegando à calúnia e à difamação. Seu alvo preferido são as que vivem sua sexualidade livremente, que se sentem bonitas e sensuais, as que atraem os homens, as que se divertem, que têm uma carreira, andam de bem com a vida e, principalmente, são independentes. Essas vão ser rotuladas como "prostitutas", "destruidoras de lares", "amantes", "galinhas" e todo o vocabulário chulo que sirva para aliviar os seus recalques. Se ela tem salvação? Duvido! Mas acredito sinceramente que se trata de uma espécie em extinção.

DE MÃE PARA FILHA

"Filha querida. Obrigada pelo remédio e pela blusa de lã. Aqui faz muito frio e tem muita umidade. À noite, no breu, quase morro gelada e a tosse não passa de jeito nenhum. Sei que perturbo as outras com isso, muitas reclamam, xingam, querem logo partir para o tapa, mas o que vou fazer? O médico nunca vem... Passo as madrugadas no meu cantinho, tentando não tossir, mas o colchonete é duro demais e sinto todo o frio do chão subindo, congelando a minha pele, os meus ossos.

Peça para a tia Zefa vir me ver na próxima visita. Me sinto tão sozinha e abandonada aqui... Sofro de saudade de você, minha menina. E peço todas as noites perdão a Deus pelo que fiz. Me perdoe, entenda que não me restava outra escolha naquela minha vida de miséria. Obrigada e não abandone também essa pobre mãe, dona de um destino cruel e triste. Que Deus cuide de nós. Beijo da mãe, Benê."

Esta carta comovente foi enviada anos atrás por Benedita A. S. à única filha, Vanessa, hoje com 19 anos. Benê veio de uma família de classe média de Recife. Aos 13 anos saiu de seu lar para viver com Geraldo, o primeiro namorado. Em poucas semanas descobriu quem ele era realmente, apesar do alerta dos parentes. Tarde demais. O companheiro estava envolvido até o último fio de cabelo com tráfico de entorpecentes e de armas. Barra pesadíssima. Chegava em casa – um barraco, na verdade – todos os dias drogado e com alguma coisa que havia roubado nas ruas.

Geraldo sempre espancou Benê pelos motivos mais banais do mundo. E obrigava a mulher, quase uma criança na época, a ajudá-lo em seu esquema criminoso. Ela era o que se chama de "mula" na linguagem criminosa. Transportava drogas de um lugar a outro e acabou se afundando junto com companheiro.

Nunca teve apoio de sua família, sempre radicalmente contra esse amor falido, doentio, do mal.

Os anos se passaram e Benê não tinha forças para largar aquele homem. Os argumentos: não tinha estudo, e por isso jamais iria conseguir um trabalho decente para se sustentar. Segundo palavras da própria Benê, Geraldo não viveria sem ela e a filha era muito pequena, sentiria falta do pai... Pai! Aos mais próximos confessava que ainda o amava.

Certa noite, numa batida policial, Geraldo, há anos caçado pela polícia, foi morto em sua própria cama. Mais de dez tiros no peito. Vanessa assistiu a tudo atrás do sofá. Estava ali, paralisada diante do corpo inerte do homem que também já a escravizava. As lágrimas não a impediram de ver ainda a mãe ser carregada pelos policiais, como se fosse um bicho. Estava algemada, entregue, quase desfalecendo.

Benê foi condenada por tráfico e vários outros crimes, como cúmplice do marido, e também como autora de outros. Hoje cumpre pena em um presídio pernambucano e deverá permanecer lá por mais, no mínimo, 12 anos, sem direito a recorrer na Justiça.

Vanessa, desde a tragédia em seu lar, vive sozinha. Mas, segundo vizinhos, se apaixonou perdidamente por um amigo muito próximo de seu pai.

CAMPO MINADO

Há em mim
Uma vocação
Para o abismo
Dos teus braços
Para a aridez
Da tua boca
Os espinhos do
Teu beijo
E não resisto
E provo sempre
A angústia do
Teu peito
O amor que
Dizes desfeito
Mas me entregas
No campo minado
Do nosso leito.

A capacho interesseira

Essa mulher é tão prisioneira da situação quanto a capacho romântica e a moralista, mas a gaiola dela é dourada. A interesseira é fútil e quer mordomia, luxo, fama, fortuna, etc. Julga pela aparência e não pelo conteúdo (a não ser o do bolso masculino). Tem a profundidade de um pires. Pode até se achar bonita e sedutora, mas não confia em sua capacidade e nem se acha inteligente para conquistar tudo aquilo que deseja apenas com o fruto do seu trabalho. Aí pega o atalho do alpinismo social. Sonha em agarrar um milionário, se for famoso, melhor ainda!

As armadilhas são sempre as mesmas: golpe do baú, golpe da barriga (de preferência em celebridades), as maria-chuteiras, um belo corpo como moeda de troca e por aí afora. E você deve estar se peguntando onde é que está o comportamento típico de mulher capacho nisso tudo, já que, à primeira vista, parece que a interesseira tem o controle da situação. Aí vai a segunda parte da história: ela está disposta a comer o "brioche" que o diabo amassou ao lado de um homem que possa sustentá-la a peso de ouro. Além disso, assim como as demais mulheres capacho, vai amargar a todo instante o medo de perdê-lo. Apesar de não amá-lo, é apaixonada por sua conta bancária. A insegurança aumentará com o passar do tempo, pois o poder de sua beleza e sedução tem prazo de validade. A ameaça de ser trocada por outra mais jovem e mais esperta fará com que ela se estenda como um tapete vermelho para esse homem, disposta a se submeter a todos os seus caprichos e vontades. Pode até se fingir de cega, surda e muda no caso de ele ter uma amante, desde que não a abandone. Se perceber que o fim é inevitável, tomará as providências necessárias: tirar o máximo de proveito do pouco tempo que lhe resta como "titular" ou "primeira-dama", fazer seu pé-de-meia e, quando vier a separação, depená-lo. Depois, vai correr atrás de outro que possa bancá-la, eternamente dependente do dinheiro alheio. Aliás, existem algumas que querem também ficar com o sobrenome famoso do ex-marido. É a interesseira com falta de identidade, que só se dá valor e se sente importante através do outro. Pode até ter grana, mas é de uma pobreza de dar dó!

TROCOU A CARREIRA POR UM AMOR

"Quando olho para trás não tenho arrependimento algum do que fiz. Sei que essa postura causa estranheza em muitas pessoas, mas é a minha opção. Sinto, sim, saudade dos tempos em que era uma atriz promissora. E sei que não foi um início qualquer. Era – e sou – talentosa, bonita, sexy... Explodi logo no primeiro filme, virei notícia, alvo de autores consagrados. Todos me queriam em seu próximo trabalho.

O êxito no cinema, aliás, foi meu passaporte para a televisão. Primeiro uma supernovela, depois uma linda minissérie, um papel de destaque na segunda novela. E fui emendando uma trama na outra, sem folga. Acabei roubando a cena e isso foi uma delícia! Dei aquela polida no ego! Lavei a alma! A agenda vivia lotada e todo mundo já me pedia uma foto, um autógrafo... A fama repentina, mas batalhada desde a adolescência, também provocou ciumeira de estrelas de renome, propostas indecorosas de diretores, mas tudo bem. Faz parte do *kit* sucesso. E eu estava realmente feliz, ganhando muito bem, virando garota-propaganda de grifes badaladas e trabalhando naquilo que amava.

Um dia entrei no estúdio para gravar como de costume e dei de cara com uma celebridade (ele não é artista) que estava ali para fazer uma ponta na minha novela. A princípio o achei até meio chato, sabe? Metidinho, arrogante...

O lance é que a antipatia inicial se transformou em uma paixão fulminante. Em um ano estávamos casados e eu, grávida do nosso filhinho! Um gato que hoje já tem quase 18 anos e é a cara do pai. Aquela seria a minha última aparição no vídeo, o adeus ao meio artístico. Ele pediu que eu parasse de trabalhar e eu topei. Morria de ciúmes e queria que eu o acompanhasse nas infinitas viagens que fazia e ainda faz. Abri mão da vocação por esse amor e, como já disse, não me arrependo.

Um dia desses uma antiga colega me ligou. E, depois de tantos anos, disse o que achava: que eu tinha esquecido da minha própria vida para viver a vida do meu marido. Não me segurei e perguntei: e daí?

Desde que conheci esse homem, que me trata como uma rainha, vivo a NOSSA vida. Gosto de cozinhar para ele (vejo todos os programas de culinária para garantir sempre uma receitinha nova), de cuidar da casa, de zelar pela realização do nosso filho, de ser muuuito quente na cama quando assim ele quer. Passo 24 horas do meu dia para ele e por ele. Capacho? Talvez. Mas sou feliz assim, e é o que importa."

De uma ex-atriz que prefere não se identificar

MUTANTE

A forma mutante
Do nosso amor
Já se travestiu
De separação
Já nos iludiu
De um possível
Final
Mas, inconstante,
Se fez de novo
Ligação,
Se expandiu
No corpo a corpo
Explodiu o nosso
Acordo
E nos venceu
Na horizontal.

A falsa capacho

Às vezes acontece de a mulher ter uma auto-estima razoável, estar levando uma vida legal, bem no trabalho, com a família e amigos, mas sentir falta de um grande amor. Já deu pra perceber que a "vítima" aqui, mais uma vez, é a romântica. Vai daí que o inesperado faz uma surpresa: coloca em seu caminho um homem que é um deus, ela se sente uma deusa e embarca nesse romance rumo ao "paraíso". Mas no dia-a-dia as coisas vão mudando... Para pior. Aquele rapaz gentil mostra sua cara machista, passa a tratá-la mal, a brigar sem motivo, a querer mandar em tudo e a não aceitar sua independência. Além disso, vira um ciumento obsessivo, desconfia de cada passo dela, não quer mais que saia de casa, regula o tipo de roupa que usa, mexe em sua bolsa, carteira, celular, sempre em busca de uma pista de traição, etc. Grosseiro, grita em vez de conversar, desrespeita parentes e amigos dos dois, pisa no amor próprio da companheira. Não deixa espaço para a alegria. Se notar que ela está feliz, faz chantagem emocional: banca o doente só para que se preocupe e cuide dele. É um estraga-prazer. O deus se transforma num ser inferior, sem noção do que seja um relacionamento, um amor. Pressiona, exige, ordena, nunca está satisfeito, explode sem motivo, numa verdadeira tortura psicológica dos que estão à sua volta, o que tira qualquer um dos eixos. Ela cai das nuvens, mas ainda nem imagina o tamanho do tombo... Ele pode começar a beber, a chegar de madrugada, a BATER. Se a essa altura o casal já tiver filhos, a coisa se complica de vez, pois as crianças correm o risco de serem atingidas pela violência, um trauma para a vida toda. Como tinha boa saúde emocional no início da relação, ela não vai se submeter nem se prender a esse homem. Mas vai fingir que é assim, enquanto tenta encontrar uma saída para ela e os filhos. Por isso é a falsa capacho. Inteligente e firme no propósito de escapar desse inferno, vai armando seu plano silenciosamente, enquanto faz seu papel de saco de pancadas físicas e psicológicas. Essa mulher tem força de caráter, amor à vida, aos filhos e resistirá bravamente à carga emocional de uma união turbulenta, até conseguir cair fora em segurança, o que pode levar anos, já que precisa também encontrar um meio de sustentar a família sozinha. Em geral, busca orientação e apoio especializados. Por mais difícil que seja, não deixa de lutar por um lugar melhor no mundo para ela e os que ama. Encontrar o homem errado, no caso da falsa capacho, é uma fatalidade, porque, ao contrário das outras, ela não tem vocação para o abismo!

DO PARAÍSO AO INFERNO

"Janeiro de 1980. Eu estava no auge dos meus 25 anos, já era um jornalista conhecido e um homem muito bem resolvido, apesar de ter enfrentado meio mundo por causa da minha opção sexual. Naquela época, eu era diretor de um importante jornal e vivia cercado de amigos. E foi um deles que me apresentou a Roberto. Quando bati os olhos nele estava certo de que aquela seria uma paixão explosiva. E foi mais do que isso: eu estava diante daquele que viria a ser o meu grande amor.

Em três meses passamos a dividir a mesma casa. A minha, é claro, que redecorei inteira só para agradá-lo. Ele adorava obras de arte, tapetes caros... Juntei minhas economias e deixei tudo com a cara e o jeito dele. O próximo passo foi transformar Beto – era assim que eu o chamava – em meu braço direito no trabalho. Dei a ele o cargo de editor-chefe, com um salário muito bom. No fundo era um terrorista para com os colegas, mas eu me sentia seguro e feliz por vê-lo ali, ao meu lado o dia inteiro. E à noite, em nossa casa, eu não o deixava fazer nada. Se fosse preciso cozinhava, lavava, passava... Tudo para vê-lo confortável e feliz comigo. Sentia pavor de pensar em perdê-lo.

Quase 10 anos se passaram e nós dois fomos demitidos na mesma semana. Como num passe de mágica, Roberto gastou todo o dinheiro da indenização, e não era pouco. Não quis me dizer onde, e eu, para 'poupá-lo', como sempre, não insisti em saber. Com o meu fundo de garantia compramos uma bela chacarazinha em Araras e uma casa muito gostosa em Búzios, ambas no Rio. Como na minha cabeça e em meu coração já estávamos mais do que casados, fiz um contrato dando a Beto o direito à metade de tudo o que era meu. Outros cinco anos se passaram. Vendi a casa na cidade e nos mudamos para o sítio. Foi meu primeiro passo rumo à perdição. Um dia, bandidos entraram lá e levaram absolutamente tudo. Eu estava sozinho e fui espancado quase até a morte. Só não morri porque Deus ainda não queria. Semanas mais tarde soube que minha mãe havia falecido e comecei a sentir os primeiros sintomas de uma doença crônica nos pulmões. Como me sentia frágil e debilitado, passei uma procuração dando plenos poderes a Beto para que ele cuidasse de tudo por nós dois.

Quase um ano depois, ele, o meu companheiro de tantas batalhas e alegrias, simplesmente desapareceu. Entrei em desespero e me senti o pior dos homens, deitado ali, naquela cama, quase inválido, sem família, sem ninguém. Até que um telefonema pôs um ponto final nessa triste história: um falso amigo dizia com toda a frieza que Beto havia se mudado para a Europa com seu novo namorado. Mais: levando absolutamente todo o dinheiro que ainda me restava. Eu havia perdido as propriedades, a grana guardada no banco e, sobretudo, a dignidade. Fiquei ainda mais doente, nesse abandono absoluto. Foi o preço que paguei por 16 anos desse amor."

Carlos morreu dias após dar esse comovente relato à assistente social de um abrigo para pessoas carentes.

CIÚME

Dormias
A meu lado
E eu, inquieta,
Cravei os olhos
Nas brancas
Paredes do quarto
E deixei-os lá
A te vigiar
Enquanto meu corpo
Adormecia

Homem capacho existe?

SIM! Ele existe, embora seja mais difícil encontrar a versão masculina da capacho. Vários dos motivos que levam a mulher a pisar em seus sentimentos para ficar com alguém e permitir que esse alguém também pise em seu amor, inclusive o amor-próprio, podem levar certo tipo de homem à submissão afetiva. Geralmente, são aqueles mais sensíveis, que não têm perfil de liderança, odeiam competição, não nasceram para esse jogo duro da realidade. Assim como as mulheres, são românticos, e quando se apaixonam, se entregam. É mais fácil acontecer na adolescência, mas muitos podem levar essa triste experiência para a vida adulta. São do tipo "amante à moda antiga", que ainda manda flores, e faz da amada sua princesa. Claro que também têm a auto-estima frágil. Aí está pronta a receita para se colocar em segundo plano numa relação amorosa e dar mais, muito mais, do que receber.

O homem capacho sofre um efeito colateral a mais que as mulheres nessa situação: é ridicularizado pelos amigos, já que fica difícil para os "durões", obsessivos pelo poder na relação, se solidarizarem com ele. Sentem-se ameaçados porque "pega mal" para a imagem deles compactuar com a fragilidade, com um homem que tem perfil de perdedor no amor, que é feito de "gato e sapato" pela mulher.

Os amigos, nesses casos, preferem a "psicologia de botequim", do tipo: "Seja homem! Não dá moleza!", " Tem que ser durão!", "Você é um bundão!" e alguns até apelam para o jurássico "Homem que é homem não chora". Coitado do capacho! Fica arrasado de vez! Talvez sem o apoio até da própria mãe. Ele também é chegado a dizer "essa é a mulher da minha vida!", faz qualquer coisa para não perdê-la, todos os gostos e vontades. Não tem noção de que tudo o que é demais enjoa. Exagerar no mimo, nos paparicos, leva-a a perder a atração pelo parceiro. Sente-se totalmente segura e aí a relação perde o tempero. É óbvio que quer ser bem tratada, mas quer se sentir mulher ao lado desse homem e não bibelô, bonequinha, ou então a "poderosa chefona". É saudável brigar e fazer as pazes, mas ele morre de medo de desentendimentos. Quando abandonado, se sente duplamente uma droga, corre atrás da mulher, se humilha, implora pela reconciliação, amarga altos porres, não aceita e não se conforma. Nesse ponto, dependendo da personalidade, ou cai em depressão ou quer vingança. É o momento crucial para todos que perdem um amor, homem ou mulher. Mas existe uma terceira via, aquela da reconstrução e renovação de si mesmo. E o primeiro passo é perceber que o oposto do amor apaixonado não é o ódio, e sim a indiferença. Como se chega lá? É o que veremos na segunda parte desse livro.

DO AVESSO

Não quero a tua amizade
Me humilha a tua proximidade mansa
De quem já mais nada pede ou quer
Me ofereces apenas a paz
De um sentimento morto,
Enquanto eu prefiro e busco tua ira
Para obter na forma do oposto
A resposta intensa
Ao amor que te dediquei

DUAS RUGAS

Teu rosto de amigo
eu renego
Em teu sorriso
sinto se desfazerem
os anos de entrega
e toda paixão
se transformar em
apenas duas rugas
nos cantos da tua boca.

Capacho nas relações homoafetivas

Apesar de o livro ter o título *Abaixo a mulher capacho*, já que esse tipo de comportamento é tipicamente feminino nas relações amorosas, o que está escrito aqui cabe perfeitamente em todas as ligações em que uma das partes é submissa, seja por motivos próprios (falta de auto-estima que leva ao medo de perder o outro) ou forçadas a isso (no caso de se unir a alguém dominador). Não importa, na verdade, se os casais são heterossexuais ou se as relações são homoafetivas. Em pares formados só por homens ou só por mulheres, pode acontecer de um vir a ser capacho do outro tanto quanto no caso de um homem e uma mulher. Portanto, as orientações até agora e as que virão daqui para a frente podem ser seguidas por todos os que buscam um equilíbrio na relação, reciprocidade e harmonia no amor, a fim de criar um vínculo saudável emocionalmente, em que se possa ficar junto sem abrir mão da individualidade, negociar as diferenças e fazer ajustes sem se anular e onde seja possível amar sem se sacrificar.

HOMENS ERRADOS

Denise G. se casou aos 17 anos, no interior do Paraná. Sidney era um jovem garçom, que sempre gostou de beber e de demonstrar que era o "bonzão" do pedaço. Arrumava briga por tudo e sempre fazia Denise passar vergonha. Os dois moravam numa casa simples e ela dependia dele para tudo. Afinal, mal sabia escrever e o machão não queria que ela trabalhasse fora.

Depois de muitas brigas, pancadarias e dois filhos, a moça resolveu se separar e mudar para outra cidade. Estava tão amargurada e desgostosa que não poderia ficar nem mais um dia ali, naquele martírio. Sidney, que já tinha uma segunda família, aceitou o fim do casamento, desde que sua primogênita, Aline, de sete anos, permanecesse ao seu lado. Se quisesse, Denise poderia ir embora com o caçula, Gustavo, de cinco. Acreditando não ter outra saída, ela pegou o garotinho e alugou uma casa em Londrina, a quilômetros de distância. Arrumou um emprego e foi levando sua vidinha, cheia de saudade da pequena Aline, que nunca entendeu o motivo da mãe tê-la abandonado.

Um dia, Denise decidiu voltar para sua cidade e se dar uma segunda chance. Queria ser feliz ao lado de outro alguém, reconquistar a filha... Meses mais tarde, se encantou com Ulisses, segurança de um banco. E pensou: "dessa vez, vai dar certo". O rapagão a enchia de mimos e a tratava com muito respeito. E o principal: cuidava de Gustavo como se fosse seu filho.

Como tudo parecia perfeito, Denise passou a morar com Ulisses, que adorava fazer churrascos e receber os amigos em casa. Só que tinha um problema: não podia colocar uma gota de álcool na boca, pois se transformava em um monstro. Denise só percebeu isso após meses de convivência.

Uma tarde, após uma dessas reuniões regadas a cerveja, Ulisses espancou Denise até que ela quebrasse o braço e sangrasse. Desesperada, saiu correndo pela rua e conseguiu chegar à delegacia, onde o denunciou. Ulisses ficou preso por quase um mês e ela jurava que não o queria mais. Só que ele a procurou, pediu desculpas, jurou nunca mais beber e Denise, sentindo ser incapaz de sobreviver sem aquele amor, o recebeu de volta.

Durante quase um ano o homem permaneceu sóbrio e as coisas, dessa vez, pareciam ir às mil maravilhas. Até que uma noite Ulisses chegou em sua residência transtornado após uma festinha da firma. Entrou no banheiro enquanto Denise se arrumava, disparou todos os palavrões do mundo, afirmou que ela o estava traindo e bateu a cabeça dela na parede. Depois, quis espancar o enteado, que pulou a janela e chamou a polícia.

Mais uma vez Ulisses foi detido, mas ganhou a liberdade três meses depois. Novamente, Denise o perdoou, apesar de quase ter sido morta e de ver Gustavo traumatizado. Após muitas promessas de que nunca mais beberia, Ulisses convenceu a mulher a se mudar com ele para outro Estado. Como começariam uma vida nova na casa dos pais dele, "o melhor seria deixar o filho dela com o pai verdadeiro".

"Por amor ao marido", Denise cedeu e o ex, Sidney, topou ficar com o caçula até que ela mandasse buscá-lo. Seria coisa de seis meses, segundo Ulisses. Conclusão: hoje, três anos depois, vive enclausurada, à base de migalhas, e muito longe de suas crianças. A adolescente não quer nem ouvir sua voz. E o menino passou a repudiá-la também. Denise briga com Deus, se sente injustiçada, perseguida pelo destino. Só não reconhece que fez as escolhas erradas e usou o "amor" como desculpa.

FRÁGIL

O teu olho que me capta
Não sabe de mim
Feche-o
E sentirás meu contorno
Se desfazer sob a pálpebra
Frágil demais
Para sustentar a
Imagem da tua fantasia

SÉCULO XX

Eu, muralha da China
Você, Arlequim
Eu, Colombina
Você, muro de Berlim
Eu tento, mas erro
Você, cortina de ferro
Eu, lágrima atômica
Você, ferida crônica
Eu, hidrogênio e paixão
Você aperta o botão!

Não caia na armadilha de dar mais do que recebe

Acho que este é um ponto fundamental da nossa conversa e é por aí que podemos começar a desmontar a armadilha em que sempre cai a mulher capacho. Para uma relação saudável, seja em que área for, é necessário o equilíbrio entre dar e receber, mas na vida sentimental muita gente se esquece disso.

No caso feminino é pior, porque as mulheres sempre foram levadas a acreditar na força do sacrifício, na doação incondicional, na "grande mulher por trás do grande homem", e entenda-se por "grande mulher" aquela capaz de renunciar a tudo pelo ser amado, de se colocar sempre atrás, de viver na sombra, como se esse fosse o seu lugar natural. Ele com o mundo a seus pés. Ela, debaixo dos pés dele. Some-se isso à falta de auto-estima, que leva ao pânico de perder esse homem, e teremos a capacho com um álibi perfeito. Tudo o que ela sufoca em si mesma, os sonhos e desejos que reprime, a liberdade a que renuncia, entre outras coisas, se encaixam perfeitamente na imagem fabricada e machista de "santa", de "mulher perfeita", "companheira ideal". E ela se agarra à falsa sensação de que assim é valorizada, que está tudo certo, que todo relacionamento é torto mesmo, que amor tem seu preço, que sua submissão é a garantia de que jamais será alvo de traição e abandono. Desse modo, se fecha no círculo do seu inferno. Mas, no fundo, isso dói, frustra e arrebenta...

Para começar a desfazer esse nó é preciso responder a uma pergunta essencial: "você sente que dá mais do que recebe nessa relação?". É você quem ama mais, se entrega mais, cede mais, paparica mais, renuncia mais, trabalha mais, batalha mais pelo relacionamento, se preocupa mais com o parceiro, sofre mais com os desacertos, tem mais necessidade de ficar junto? Se a resposta for sim, você caiu na armadilha e precisa sair dela urgente, seja para romper, seja para dar uma última chance à relação, mas principalmente para dar a você mesma uma oportunidade real de ser feliz.

Chegou a hora de encarar umas verdades! Meu velho avô árabe, Elias, costumava dizer, de um jeito não muito delicado, mas cheio de sabedoria: "Quanto mais o camelo abaixa, mais o rabo aparece". Não dá para discordar... Quanto mais a gente cede, concede, facilita, mais a gente se humilha e se desvaloriza. É melhor encarar que um relacionamento nesse nível dificilmente tem salvação, pois o desinteresse já contaminou um dos lados, enquanto o ciúme e o rancor corroem o outro. E essa sua atitude passiva, de quem aceita viver de esmola afetiva, só aumenta o desamor.

Não adianta sofrer calada, fingir que não percebe a situação se deteriorar, ignorar que a casa vai cair... Nada disso evita o fim. Adiar é se torturar. Também não vai surtir efeito implorar para ele ficar, se rasgar de amor na frente dele. Pode até piorar as coisas, pois gente que se arrasta costuma provocar desprezo, raiva ou indiferença.

Já se perguntou por que quanto mais ele não quer, mais você quer? Acho que é pelo medo de ficar só, o que você interpreta, erroneamente, como sua incapacidade de ter alguém, como mais um fracasso seu.

O que representa a perda desse homem? Talvez a perda do seu lugar no mundo, já que ele é seu ponto de referência.

O que você perde junto a ele? A sua frágil identidade!

Você se acha incapaz de conquistar outro como ele? É claro que sim!

Não imagina que alguém melhor do que ele possa se apaixonar por você? É claro que não!

Pois é, tenho certeza de que acertei todas as respostas, que refletem sua dependência e insegurança. Daí ser tão difícil aceitar que o amor acabe. Vamos ver como a mulher capacho contribui para isso.

Acho que toda relação precisa de uma tensão flutuante: um não pode ter 100% de certeza de que é dono do coração do outro. Excesso de segurança é mortal, pois não motiva mais a cuidar da ligação. Onde não há risco nem desafio, se instala a acomodação e o tédio. A falta de adrenalina extingue a conquista diária, o amor murcha. E aí entra o meu avô árabe novamente, com um velho ditado libanês: "Confia em Alá, mas amarra o camelo". É exatamente esse quê de insegurança que mantém a vibração do casal.

A consciência de que ninguém é de ninguém, de que uma outra paixão pode cruzar o caminho de qualquer um dos dois a qualquer hora, leva a cultivar o relacionamento, a aprofundar os laços, a respeitar a individualidade, a alimentar o carinho, a procurar entender carências e necessidades, leva a um diálogo aberto, com disposição para ouvir e ser ouvido, à intimidade no sexo. Não estou falando de joguinhos de emoções baratas, de provocar ciuminho bobo, de fazer o gênero "tô nem aí" para desestabilizar o parceiro. Quando duas pessoas têm a coragem de se colocar por inteiro numa história de amor, assumindo seus erros, defeitos, vacilos, suas qualidades, acertos e limites, tudo acontece naturalmente, como resultado do encontro e confronto de sentimentos autênticos. É a dinâmica saudável da união de homem e mulher em pé de igualdade.

Mas a mulher capacho não se dá conta disso! Ela não arrisca, não se coloca, diz amém a tudo, mutila suas qualidades, camufla seus defeitos e perde a autenticidade. Comporta-se como se todo dia tivesse que agradecer de joelhos por ter conseguido um homem para ficar a seu lado, sem perceber que isso não significa estar dentro do coração dele. Se você se enquadra nesse perfil, vai ter que mudar. EXISTA! Não se contente em ser apenas um apêndice.

Não dá para ficar lado a lado como casalzinho de bolo de noiva. Um tem que participar da vida do outro, o que implica também em discordar, brigar e negociar diferenças, ou seja, tudo de que você tem medo, por achar que pode provocar rompimento.

Pense bem nestas perguntas e responda com toda sinceridade. Não precisa fazer gênero, pois ninguém vai estar lhe ouvindo, a não ser o seu próprio coração. É uma conversa íntima com suas emoções:

Ele gosta tão pouco assim de você que uma simples briga seria o fim? Ou é você que abre mão do que sente e do que quer porque se acha pouca coisa para ser amada, tem a sensação de que ao se mostrar exatamente como é, será jogada fora?

É por isso que nunca se dá razão, não assume suas posições, não reconhece os próprios sentimentos, sufoca sua personalidade?

Se não se sente amada, a ponto de não arriscar ser você mesma, vale a pena insistir no relacionamento?

Você merece tão pouco da vida?

Se você se permitisse ao menos sonhar com uma história de amor para sua vida, como ela seria?

Agora compare o que você vive com aquilo que você sonha.

Claro que existe uma distância muito grande entre a realidade e a fantasia, mas parte do seu sonho pode se tornar concreta se você entender que tem direito a ser feliz, que as coisas boas da vida estão aí para você como para qualquer outra pessoa, que você é quem se nivela por baixo, que se contenta com o mínimo porque alimenta a crença de que não tem condições de conseguir ou atrair nada melhor. Coloque isso em sua cabeça: se você não se acha melhor que ninguém, pode ter certeza de que também não é pior! Além disso, na vida a gente sempre pode mudar para melhor. Por que não vai à luta? Como? Aqui estão algumas idéias.

O AMOR FAZ O QUE QUER

É como o encontro
De dois pontos extremos
Que arqueiam a linha do tempo
Na ânsia de se tocarem.
Princípio e fim que se fundem
Em nosso círculo. Vicioso.
É assim em cada vez
Que me olhas
No momento em que te beijo
No exato minuto da entrega
É assim toda vez que o amor
Esquece que estamos separados
E, indiferente aos nossos motivos,
Nos impele e nos une
Nos desnuda e revela.

"Eu sou feia! Não tenho chance!"

Comece perguntando a você mesma por que se dá tão pouco valor. Do que você não gosta? Por exemplo: você se acha feia? Essa é a maior queixa feminina! Num mundo onde a beleza e a juventude são cultivadas de forma doentia e se cobra isso das mulheres como passaporte para o "sucesso" no amor, não é de se estranhar que milhões de nós se sintam inadequadas e vivam brigando com o espelho e com a própria existência. Essa é uma das causas para que muitas aceitem qualquer homem e qualquer tipo de tratamento por parte desse homem, só para não se sentirem rejeitadas, à margem da vida. A energia que se gasta para agüentar um relacionamento infeliz é a mesma que pode ser investida numa nova auto-imagem. Dê o primeiro passo!

Não adote os falsos padrões de beleza que estão na mídia como medidas de felicidade, exigências a serem cumpridas para que as portas dos seus sonhos se abram. Nada disso! Em vez de se conformar em viver com medo, em acumular frustrações, mágoas, rancores e tudo aquilo que viver abaixo das nossas reais possibilidades nos traz – um verdadeiro veneno emocional –, pare de sofrer e se descubra! É preciso desfazer o mito de só quem é bonito é amado.

Entenda que o amor não segue fórmulas, tem seus próprios caminhos no coração das pessoas, suas próprias leis de atração, tem magia. Acredito mesmo que esteja "escrito nas estrelas" (e vamos falar muito disso nas próximas páginas). Portanto, ser bonita não é garantia de realização sentimental. Marilyn Monroe, maior mito de beleza e símbolo sexual que o cinema já teve, morreu sem conseguir isso. Aliás, o que é bonito para uns pode não ser para outros. Você pode se achar feia e outras pessoas te acharem linda. Apesar dos moldes estabelecidos, o conceito de beleza no amor é totalmente subjetivo. Quantos casais não são alvo de fofoca porque visualmente, fisicamente, não combinam nada um com o outro? Nesses casos, quantas vezes você já ouviu a clássica pergunta: "Mas o que ela viu nele?" ou "o que ele viu nela?". Esse é o X da questão, pois não se trata de VER, mas de SENTIR. A imagem não é tudo, apesar da era contemporânea estar baseada nisso.

Essa história de "patinho feio" está em seu interior – geralmente vem da sensação de não ter se sentido muito amada na infância – e não no seu visual. Conscientize-se disso e dê uma virada! Evite ficar se comparando com outras mulheres, porque sempre vai existir uma que você achará mais bonita e assim sua auto-estima levará uma surra. O importante é que não existe outra igual a você. Aposte na singularidade. Do contrário, você será sempre prisioneira desse complexo e nem se o melhor cirurgião plástico do mundo te deixar com a cara da Angelina Jolie você conseguirá se sentir bela e acreditará nos elogios. Uma coisa é certa: o seu poder de atração – assim como o de todos nós – vem de dentro, não de fora. E esse é o insondável mistério do amor.

Desde que você tenha entendido isso, nada impede que você se livre daqueles "defeitinhos" que a deixam infeliz, mas sem obsessão. É possível mudar o formato do nariz, orelhas de abano, queixo duplo, rugas, dentes imperfeitos, bolsas sob os olhos, seios grandes ou pequenos, barriga, "pneus" de gordura localizada, etc. Você também pode modificar a cor dos cabelos, o corte, alisar se for crespo, encaracolar se for liso, emagrecer, engordar se for preciso, pode até trocar a cor dos olhos com lentes de contato, malhar, dar um fim na celulite e por aí afora. Enfim, hoje em dia, com as mais modernas técnicas de cirurgia plástica e a evolução dos aparelhos de estética, dá para melhorar sempre. Às vezes uma simples correção no nariz faz milagres por sua auto-estima e enconomiza muitos anos de terapia.

Não vale mais ficar se lamentando em frente ao espelho, nem mesmo a falta de grana serve como desculpa. Faça um planejamento financeiro – atualmente existem vários planos nessa área – e modifique-se! Mas você também pode recorrer a soluções mais em conta, como truques de maquiagem que disfarçam imperfeições e realçam os pontos fortes (sim, todas nós temos ângulos favoráveis), montar um figurino com poucas e boas peças que, combinadas, formarão vários conjuntos diferentes e farão com que você esteja sempre bem vestida sem pesar no orçamento.

São coisas que as revistas e os programas de TV femininos estão sempre mostrando, até com o clássico quadro "Certo e Errado", que orienta sobre qual tipo de roupa usar de acordo com o tipo de corpo, idade, etc. Também não faltam informações sobre liquidações e pontas de estoque. Envolver-se num projeto como esse é gastar de forma positiva sua energia e com quem mais merece: VOCÊ!

Tudo isso é válido desde que seja feito em nome do bem-estar, para aumentar o prazer de viver, trazer alegria, provocar um reencontro com você mesma. Do contrário – se for só mais uma maneira de correr atrás da beleza física para conquistar um homem –, voltamos à estaca zero. Lembre-se: é apenas um ataque saudável de vaidade, o que inclui destacar suas qualidades e aceitar o que não pode ser modificado. A perfeição de traços não é fundamental, mas cuidar da aparência, sim, porque é um exercício de amor-próprio.

VÍTIMA DA BELEZA?

"Quando me olho no espelho só consigo enxergar amargura por ter jogado minha vida fora. Rugas? Claro, um monte delas. Mas não combinam com meus 44 anos. São profundas, insuportáveis e sem conserto. Aparento muito mais idade do que tenho. E as roupas lindas do passado, manequim 38, já não servem mais. Tenho 1m77, mas o peso do sofrimento me transformou em uma senhorinha de aparentemente 1m55. Estou aqueada, com cabelos brancos e dentes sem claridade, como minha própria alma. Pior é agüentar 152 quilos e o olhar piedoso e muitas vezes debochado de algumas pessoas. Virei motivo de chacota, exemplo de desleixo, de falta de amor próprio... O mais cruel é constatar, hoje, que essa minha figura patética e infeliz é a realização do maior sonho de uma pessoa que está comigo há 25 anos: meu próprio marido, Pedro. Devo tudo isso a ele, mas sobretudo a mim mesma, que me deixei dominar. Por isso, assumo a maior parte dessa culpa. Fui ingênua e acomodada.

Nasci em uma fazenda maravilhosa em Minas Gerais. Era uma menina muito linda e criada com todos os mimos: vestidinhos comprados na cidade grande, cabelos sempre alinhados. Ah, meus cachinhos, minha pele rosada, meus olhos esverdeados e brilhantes... Na adolescência virei referência na região, tamanha beleza e encantamento que despertava nas pessoas. E, modéstia à parte, eu era linda de verdade e, graças a Deus, nunca me aproveitei disso. Só sonhava em ser professora, me casar com um homem digno e ter filhos perfeitos.

Aos 17 anos fui convidada a participar de concursos de beleza. Ganhei alguns e, quando ia me inscrever para o Miss Belo

Horizonte, conheci Pedro. Confesso que nunca fui apaixonada por ele, mas sentia muita segurança ao seu lado. E meus pais faziam muito gosto em nosso casamento. Por isso, aceitei seu pedido. Desde então comecei a estranhar algumas de suas atitudes. Sobretudo quando alguém me elogiava. Aquilo era a morte para ele.

Em casa, no dia-a-dia, Pedro insistia em ter a mesa farta o tempo inteiro. Eram pães, compotas, massas... Era quase obsessão. Outro 'pedido' feito por ele: que eu trocasse todo o guarda-roupa. Afinal, estávamos vivendo no meio do mato e eu não precisava de vestidos sofisticados, saltos altos... Poderia usar coisas mais simples, como saias e calças compridas (jamais justas no corpo, lógico), camisas... Maquiagem, nem pensar! O auge foi quando me olhou bem fundo e disse: 'cabelo comprido e encaracolado é coisa de prostituta. Tenho vergonha de você por isso'. Pela primeira vez senti um ódio profundo dele e passei, eu mesma, a tesoura nos cabelos.

Naquela mesma época, os filhos começaram a chegar... Pedro não sossegou enquanto não tivemos o sétimo. Dizia que achava bonito esse número de crianças correndo pela casa. E era mesmo. São sete filhos maravilhosos e amados. Um deles chegou em casa recentemente e me perguntou por que eu nunca havia me separado de seu pai. Levei um susto e fiquei sem resposta. A verdade é que nunca tive coragem de abandonar esse homem, por mais cruel que tenha sido. Hoje percebo que minha beleza o atormentava como um fantasma. Ele me queria feia e acabada para impedir qualquer possibilidade de ser feliz longe dele e, sobretudo, com outro. E conseguiu."

Sandra A. S., Santa Luzia, MG

DOR

Eu te quero
Como aquele que não pode ser
O homem de pouco tempo na cama
O dono do beijo que eu anseio
O corpo ausente dos meus lábios
Eu te quero mesmo sem teus braços à minha volta
Só os meus à tua procura
Eu te quero de peito fechado
Coração amargo, consumição,
Desconfiança, traição
Neurose a minha que te quero meu somente
Como posse, minha terra, meu chão
Eu te quero para te acabar com a vida,
De um modo mau, imenso, sem medida
Te quero para te sufocar de amor,
Te ferir com meu ódio, te minar com meu rancor
Eu te quero e me custas tragos de vida
Exaures meus momentos
E me deixas plena de dor

"Sou bonita, mas sou burra!"

O fato de ser bonita, como já deixamos claro, não oferece imunidade contra os problemas da baixa auto-estima. Existe um jeito de se sentir feia por dentro: é o caso de mais um estereótipo criado para limitar a mulher, o "bonita e burra". A vítima desse rótulo é levada a usar e abusar da beleza como seu único recurso, já que não se sente inteligente. Pode virar até uma exibicionista ou simplesmente alguém superficial, que não desenvolve outras áreas do seu ser, que não se enxerga além do espelho. E também vai sofrer, porque a beleza física é passageira, vem o medo de envelhecer, a obsessão pela aparência sempre jovem, como única forma de manter um amor. É presa fácil da indústria de cosméticos e freqüentadora assídua das clínicas de cirurgia plástica. Na verdade, ela não tem problemas em seduzir um homem, mas em "segurá-lo" a seu lado, mesmo porque um homem que só se interessa pelo visual feminino costuma trocar de mulher com muita facilidade. Nesse ponto é que ela vira capacho, pois não se dá valor como um ser humano completo. Vive apenas um lado de si mesma, ignora todo o seu potencial. Não ter

Q.I. (coeficiente de inteligência) elevado não justifica um complexo de inferioridade, pois a mulher pode ter inteligência emocional, sensibilidade, facilidade de comunicação, ótima memória, capacidade de improviso, intuição apurada (só para citar algumas outras qualidades) ou o melhor de tudo: ser uma boa pessoa, gente do bem. Leal, solidária, amiga, honesta, sincera, ter caráter firme, etc. E isso vale para todo mundo, não só para a feia inteligente e para a bonita burra, ou só feia ou só burra. Também para os que se anulam por se acharem tímidos, sem carisma, baixinhos, altos demais, desengonçados, inseguros, sem capacidade de liderança, pobres, sem sorte, etc. Ninguém, seja homem ou mulher, pode se limitar a um único aspecto de si mesmo. Somos múltiplos e aí reside a riqueza humana. Sempre contamos com a lei da compensação.

Essa história de não se achar boa o suficiente na vida tem a ver com a falta de aceitação, que tem a ver com não se sentir amada o bastante desde que colocou a cara no mundo. É assunto para um capítulo inteiro sobre auto-estima, que já vem por aí. Mas, por enquanto, vou resumir a situação no lado amoroso: para ser amada basta apenas você ser o que é de verdade e alguém compatível vai captar seus sinais invisíveis (não os da aparência, os da moda, não aqueles ditados pelos padrões da fita métrica ou do bisturi), os da sua essência. Para que isso aconteça, você precisa saber quem é, ou vai emitir sinais errados e vai atrair homens errados também!

ESTÁTUA

Peço silêncio
Para que não aticem
Minha calma paralisia
Para que não aqueçam
A forma estátua
Do meu corpo
Para que fiquem
Pedras sobre pedras
Em meu colo
E não se desfaçam em lágrimas
Os meus olhos de mármore

SINFONIAS

Laços bemóis
sem nossa harmonia
Dó que dói
na partitura vazia
Falta teu Sol
a dourar loucuras,
sinfonias,
de um amor em tom maior
do que a própria fantasia.

"Ninguém me ama": como lidar com a rejeição

Quando uma história de amor chega ao fim para os dois ao mesmo tempo, só resta o luto. Mas quando um ainda ama, o sentimento de rejeição é inevitável: quem rejeitou sente culpa, quem foi rejeitado, vergonha.

Claro que a culpa passa mais depressa, pois quem deixou de gostar está com o coração livre para novas emoções e, muitas vezes, já tem até uma outra paixão. Agora, se sobrou para você toda a dor de uma separação, vai precisar de tempo e paciência para curar as feridas. Se foi mulher capacho nessa relação será necessário, então, um processo mais longo e profundo de reconstrução, porque não costuma sobrar pedra sobre pedra nessa situação, já que a primeira a não gostar de você foi você mesma. E, nesse caso, o sentimento de vergonha é filho legítimo da falta de amor-próprio!

A vergonha vem da sensação de que todo mundo vai descobrir seu "segredo": que é mesmo incompetente no amor, incapaz de manter alguém do seu lado. Você suportou tanta coisa para evitar ser abandonada, fez tantos sacrifícios, fingiu tanto ser feliz com aquele homem para que acreditassem em você como mulher e não adiantou nada. Ficou exposta à "humilhação" de estar sozinha.

Não é bem assim! Está certo que você facilitou tudo para ele, deixou a relação sem sabor, se colocou de bandeja nas mãos dele, com medo de perdê-lo, abrindo caminho para o seu sofrimento e para que o fim chegasse mais depressa. Mas até nas relações em que ninguém é capacho, o amor pode acabar. A diferença é que no segundo caso, geralmente fica um saldo positivo, enquanto no seu sobra um vazio danado! Mas perder quem a gente ama, seja lá qual for o motivo, faz parte da vida e é uma experiência importantíssima. Não há fórmula para o amor eterno. Por isso o "infinito enquanto dure", do "Soneto da Fidelidade", de Vinícius de Moraes, é a medida ideal.

Eu, particularmente, não acredito em amor para toda a vida, embora possa acontecer. Mas vejo isso como exceção, não como regra. Para mim, amor tem prazo de validade. Assim como começa sem a gente esperar, termina independente da nossa vontade. Não temos domínio sobre o sentimento, apenas sobre a qualidade da relação. Por isso, não adianta ter medo de perder, se submeter ao outro na vã tentativa de eternizar os laços que o tempo desata. A gente só apressa ou estende o prazo de acordo com as expectativas, os sonhos e fantasmas que juntamos aos do outro. O próprio dia-a-dia vai nos modificando, trazendo novas necessidades, nos levando por novos caminhos que, às vezes, o outro não quer seguir conosco ou não queremos ir com ele. Não há porque se sentir humilhada ou envergonhada com o final de seu relacionamento. O amor geralmente acaba pelo desgaste natural, ao completar um ciclo. Como a própria vida!

Não seja mais cruel com você: se já se pisou o suficiente para ele perder o interesse e começar a te pisar também, ou se ele já era do tipo que pisava e você permitia desde o começo da relação, esse momento de rompimento – que parece a morte para você – pode ser a sua maior chance de transformação, crescimento, amadurecimento e equilíbrio. Use-o a seu favor! Eu sei que você vai se criticar por ter sido tão submissa, vai se arrepender, fará um balanço dos erros, mas cuidado para não cair em outra armadilha nessa hora: assumir toda a culpa pelo que não deu certo, como se, assim, estivesse em suas mãos consertar a situação e recomeçar tudo com ele. É puro engano! Nem pense em tentar a reconciliação. Está acabado e ponto final. Aceite isso. E reinicie a sua própria vida!

Essa lista com dez "mandamentos" pode servir de guia para seu coração:

- Em vez de se recriminar, comece a se amar.
- Sim, você foi capacho, mas ele também poderia tê-la ajudado a sair dessa. Tem quem alimenta o nosso melhor lado e tem quem traz à tona o pior de nós. Portanto, a "culpa" não é só sua.
- Tente entender os motivos de tanto desamor por você mesma.
- Chore, grite, assuma sua raiva, seu medo e sua dor. O período de luto é inevitável, mas não se enterre junto com esse amor.
- Você não foi rejeitada, e sim, a relação. Você é legal, os dois juntos é que não funcionavam.
- Nada impede que a vida a dois funcione com outro. Mas o ideal é dar um tempo nas paixões, até que as feridas estejam curadas e você reconheça o seu valor como mulher.
- Não apele para um namoro atrás do outro como forma de anestesiar a dor da perda. Isso não vai ajudá-la a crescer e amadurecer. Enfrente a realidade.
- Não se sinta "humilhada" por estar sozinha. Aproveite para experimentar a sensação de fazer tudo do seu jeito, sem concessões, sem renúncia, sem sacrifício. Sentir-se livre de uma relação infeliz, por mais que ainda doa, vai lhe fazer muito bem.

- Esse buraco negro no peito pode ser preenchido com tudo de bom que fizer por você mesma. Desde mudar o visual até uma terapia, que vai ajudá-la a se ver por dentro e a reconstruir sua auto-estima.
- Namore-se!

É importante você entender também que o amor sempre chega para mudar a vida da gente, para o bem ou para o mal. Ninguém fica imune aos seus efeitos. É um sentimento que nos tira ou nos coloca nos eixos. Como bem dizia o poeta Mário Quintana, "amar é mudar a alma de casa". Mas o que conta é nossa capacidade de extrair coisas positivas de tudo isso, até de um relacionamento que machuca muito, como o da mulher capacho. Como acredito em várias histórias de amor em nossa vida – uma de cada vez, é claro! –, é possível ter uma boa bagagem sentimental.

Exemplo disso foi o de uma amiga minha que teve um romance tão pesado, tão sofrido, tão castrador, que acabou desenvolvendo síndrome do pânico, o que colocou um ponto final na relação. Apesar de já terem passado cinco anos e ela estar curada, até hoje não tem boas recordações; aliás, não gosta nem de lembrar. Mas isso não a impediu de fazer o seguinte comentário: "Não posso ver um filme de Fellini sem pensar que foi o 'fulano' que me fez conhecer o trabalho desse diretor genial. Acho que foi a única coisa boa que ficou...". Bonito, pois fazer um inventário sentimental nunca é fácil, mas consola quando encontramos uma mínima coisa que fez bem à nossa alma. Como dizia um poema de Drummond, "de tudo fica um pouco...".

Enfim, o que não se pode é afundar na amargura, passar a vida se sentindo vítima, alimentar pensamentos negativos e de desvalorização. Não deixe a decepção amorosa tomar conta da sua existência. Afinal, amor é uma parte importante da vida, mas não é mais importante que a própria vida. E uma desilusão não fecha todas as portas para a felicidade. Sempre há uma nova chance, desde que você esteja à disposição do inesperado e não tenha medo de se experimentar em outros envolvimentos. Sartre, o filósofo francês, costumava dizer que o ser humano nada mais é do que aquilo que faz de si mesmo.

A CÚMPLICE

Aída, hoje, é uma senhora feliz rodeada de netos e bisnetos, porém carrega uma história de humilhações no casamento. Dois anos após se tornar a mulher de Petrônio, no interior do Pará, descobriu que jamais poderia gerar filhos, seu maior sonho e uma cobrança da sociedade daquela época. O marido, sempre muito bruto e ignorante, nunca a "perdoou" por isso e não perdia a chance de atacá-la com palavras duras e cruéis. Por qualquer motivo, Petrônio chamava Aída de "inútil", "mulher sem serventia", "mulher seca", essas coisas que soterram qualquer auto-estima. Num período em que a maioria esmagadora das mulheres abaixava a cabeça diante do companheiro, era pior ainda.

Não demorou nada para que Petrônio arranjasse outra mulher. Comprou uma casa pra ela, mobiliou inteira, dava do bom e do melhor para a "segunda esposa", como dizia para todo mundo, no maior cinismo. Aída, com o tempo, ficou sabendo da história, mas nunca tirou satisfações. Muito menos procurou saber quem era a tal amante. Apesar de se sentir a última das mulheres, tinha lá no fundo um resto de orgulho herdado dos pais italianos. Mas, lógico, virou motivo de chacota na região, onde boa parte dos homens compartilhava da mesma postura machista e descarada de Petrônio.

Uns três anos depois, do nada, ele chegou em casa dizendo a Aída que, como "ela não era capaz parir", iria adotar uma criança. Ela chegou até a ficar feliz com a notícia e, mais do que depressa, disse sim. Rápido no gatilho, o danado apareceu uma semana depois com Lourdes, uma recém-nascida, nos braços. Não disse como havia conseguido uma adoção tão rápida, nem de onde o bebê vinha. Aída, encantada, não fez perguntas. Apenas recebeu a pequena como se tivesse acabado de dar à luz. E passou a criá-la como filha.

No final do ano seguinte, Petrônio resolveu cometer outro "ato de generosidade" com Aída: levou para a residência do casal mais um bebê, o também recém-nascido João. Novamente a esposa chorou de emoção e também se assumiu como mãe do garotinho. Como de costume, sem fazer perguntas. Finalmente, havia se tornado uma mãe de família, seu grande sonho. Nada mais importava. Perguntar para quê?

Quase vinte anos se passaram. Durante todo esse tempo, Aída levou sua vida de simplicidade, muito trabalho (além de dona-de-casa, costurava para fora a fim de ajudar nas despesas) e devoção total ao companheiro e aos herdeiros. Ninguém acreditava, muito menos os parentes, mas ela até o ajudava a se arrumar para ir se encontrar com a outra. Preparava seus banhos, levava toalha quentinha, conservava as roupas dele impecáveis, ajudava a passar perfume e a se pentear antes de sair de casa... Claro, sabia que ele iria se esbaldar nos braços da "filial", mas consentia. Afinal, nunca tinha sido "a mulher perfeita" para ele, que também a chamava de velha em tempo integral. Apesar disso, ainda se sentia em dívida com o mau-caráter, que morreu sem jamais admitir que Lourdes e João, na verdade, eram seus filhos com a amante. Duvido que Aída não soubesse, apenas se calou mais uma vez, passando de vítima a cúmplice dessa história.

PONTEIROS

Te quero
Mas não tolero
A hora que não passa
E me laça
No círculo de ouro
Do teu relógio
Procuro fugir
Do teu compasso lento
Eu tento,
Mas teus ponteiros
Me transpassam
E caio morta em
Todos os teus minutos

ALMA GÊMEA

Você é a alma gêmea
dos meus desacertos
Fomos talhados
do mesmo erro,
de uma só contradição.
Por isso
você é a dor em mim
e eu sou a sua decepção

Crie coragem e encoste esse homem na parede!

O medo é inimigo do amor. O medo de perder o homem amado é o caminho mais curto para que isso aconteça, porque impede a verdadeira proximidade, que é fruto da franqueza e da sinceridade. Então, aprenda a abrir o jogo, deixe de silenciar quando a vontade é de questionar, argumentar, discutir, brigar. Desde pequenas fomos ensinadas a aceitar tudo em troca de afeto, a calar nossos sentimentos para evitar conflitos, a ser uma por dentro e outra por fora e acabamos nos perdendo de nós mesmas.

O jeito é desabafar, colocar esse homem contra a parede quando sentir que as coisas não vão bem, quando ele disser algo que você não gostaria de ouvir, quando estiver insatisfeita com as atitudes dele, com seu comportamento, etc. Chega de ser "boazinha", papel para o qual fomos treinadas durante séculos e que só serviu e ainda serve para mutilar nossa personalidade, frear nossos impulsos, nos deixar abobalhadas, infantilizadas e indefesas. Nem é preciso drama, basta ser direta e objetiva em suas colocações e não deixar "pontos cegos" na conversa.

É importante esclarecer todas as dúvidas, lavar as mágoas, fazer novos acordos a dois, olho no olho. Isso só será possível quando deixarmos de ignorar nossa voz interior, aquela que vem do coração, da intuição, que nos aponta o caminho, mas à qual a gente se faz de surda e muda para não ter que enfrentar uma discussão. Vamos varrendo a sujeira para debaixo do tapete até sermos soterradas por ela. O resultado é o bloqueio da comunicação. Submissão. Falar o que se pensa é um direito legítimo, saudável, indispensável para quem quer um diálogo produtivo, que reforce a união de um casal.

Mas como isso continua sendo difícil para a mulher! Por medo de ser abandonada, ela espera que o companheiro adivinhe seus pensamentos, que apareçam soluções mágicas para os desentendimentos, coisas que, obviamente, não acontecem e rendem mais decepção e frustração. Mas ela ainda prefere sofrer em silêncio, engolir todos os sapos, do que se arriscar a discordar, até mesmo a exigir e acabar ficando sem ele. E olha que estamos no século XXI!

Para deixar de repetir esse velho comportamento feminino temos que parar de nos preocupar com o que o companheiro vai pensar. O fundamental é ele sentir, através de nossas palavras, como anda a relação sob nosso ponto de vista. Só assim se sentirá motivado a fazer alguma coisa para melhorar a situação, se realmente gostar de você. Do contrário, pode ser a deixa para vocês dois avaliarem se não seria a hora de colocar um ponto final, já que sem amor não há justificativa para continuar junto. Vale lembrar também que há homens meio desligados, que não percebem mesmo a nossa angústia e são pegos de surpresa com um desabafo. Mas existem outros que se aproveitam da "boazinha" para continuar fazendo tudo do jeito que querem, goste ela ou não, pois sabem que não vão encontrar reação, já que ela não costuma abrir a boca para protestar. Assim não dá!

Para mostrar que você é tão importante na relação quanto ele e não apenas uma sombra, comece a falar sobre tudo o que a desagrada. Se ele chegou tarde, reclame. Se o sexo não está bom, seja sincera. Se está com ciúme, confesse. Se ele for grosso, revide. Se estiver indiferente, grite. Se ele a magoou, cobre. Se não agüenta mais, chore. Se o amor acabou, bata a porta e vá embora!

Dessa forma, você vai adquirir autoconfiança, deixará de depender da aprovação dele e sentirá o peso que tem na vida a dois, conforme as mudanças que suas atitudes forem provocando. A sensação de ser ouvida fará com que se sinta respeitada e valorizada pelo parceiro. Mesmo porque você falará cada vez mais alto, caso se sinta ignorada. É assim que a mulher se coloca, se defende, mostra que existe, deixa de ser capacho. E também ganha a admiração de quem ama.

Mas tão importante quanto saber falar é saber ouvir. Esse é só um lembrete para que o diálogo não vire papo de mão única, afinal ele tem o direito de expor seus pontos de vista também e disso resultará a verdadeira interatividade, um reforço nos laços afetivos. O cuidado com o sentimento do outro nessas horas é fundamental de ambas as partes. É possível dizer tudo, desde que saibamos escolher as palavras. É uma questão de sensibilidade, e assim podemos economizar muita dor de cabeça e pedidos de desculpas depois. Se for fazer uma crítica, que seja construtiva, para não ser encarada como ofensa.

Caso o assunto seja sexo, redobre a atenção, porque é uma área nevrálgica a ser abordada. Fale sinceramente, mas com carinho e delicadeza, sempre mostrando que o que é bom pode ficar ainda melhor. Do contrário, ele pode se sentir atingido em sua virilidade e isso para um homem é o fim. Vai ser difícil consertar o estrago depois. Pode criar desde bloqueio até rejeição. Enfim, não basta apenas quebrar o secular silêncio feminino, temos também que aprender como dizer nossas verdades. Passar uma mensagem requer habilidade, razão e emoção. Pelo bem do amor.

A LIÇÃO DE YOLANDA

Sem exceção, as filhas e netas da querida Yolanda P. são fortes, valentes, determinadas e donas de si. Felizes em seus relacionamentos, realizadas em suas carreiras... Verdadeiros exemplos de "anticapacho". E quem as fez assim foi justamente a protagonista dessa história.

Estamos em 1939, na cidade paranaense de Cascavel. Yolanda era uma adolescente muito bem educada, tinha berço, modos finos. Porém, era ressentida com os rumos que sua vida havia tomado. Dona Carolina, até então riquíssima, era viúva e havia perdido tudo o que a família possuía por causa de um segundo e desastroso matrimônio. O tal marido a levava na lábia enquanto colecionava amantes e gastava cada tostão deixado com muito sacrifício por seu primeiro companheiro, o pai de Yolanda. Conclusão: a submissão e a falta de pulso de Carolina levaram todos a uma traumática falência.

Nesse meio tempo, Yolanda se apaixonou por um dentista. Um homem bonito e elegante, porém viciado em jogo, bebida e em pular a cerca. Mas estava cega de amor. Seu primeiro, grande e único amor. Contra tudo e contra todos, os dois se casaram e se mudaram de cidade. Yolanda achava que com ela o moço mudaria, que conseguiria colocá-lo nos trilhos. O velho e surrado discurso.

Durante anos, enquanto Yolanda se matava de trabalhar como professora para sustentar as três filhas, Alberto levava seu consultório e a própria vida na flauta, como se dizia antigamente. Trabalhava pouco e o que ganhava perdia no jogo. Quantas e quantas noites precisou deixar as crianças em casa, sozinhas, atravessar matagais no escuro e enfrentar muitas humilhações para pegar o marido bêbado no bar! Quantas vezes o viu passar de braço dado com outras mulheres, bem na porta de sua casa, no maior cinismo! Não foram raros ainda os casos de Yolanda não ter o que comer e nem o que dar para as meninas por conta do descaso do esposo, que chegava a passar três dias longe do lar.

Yolanda sofria, mas não brigava, não reivindicava nada. Padecia calada, chorava em seu canto para "não magoar ou incomodar" o companheiro. Não podia perdê-lo, pois, "além de amá-lo", já havia se afastado de absolutamente todos os parentes.

Por obra do destino e da falta de coragem de dizer não, Yolanda, que já tinha uma saúde frágil, engravidou pela quarta vez. Alberto insistia em ter um filho homem como ele. Era seu sonho. No quarto mês de gestação, o golpe: após mais uma noitada de jogatina, o Don Juan perdeu tudo que apostou, inclusive o consultório e a casa. Na manhã seguinte, depois da bebedeira, como se recusou a pagar o combinado, Alberto enfrentou seu "credor": disse que não daria um tostão a ele. Em troca, levou um tiro à queima-roupa no peito. Morreu pedindo perdão e deixando a família na miséria total.

Viúva aos 28 anos, Yolanda arregaçou as mangas e foi à luta para sustentar as quatro meninas. E conseguiu criá-las sozinha. Nunca mais quis se casar. Mas ensinou às filhas que amor não tem que rimar com dor, como aconteceu com ela: "mulher não deve aceitar humilhação, tem que dizer não e deixar de temer a solidão". Palavras de uma professora, que aprendeu a lição tarde demais.

PUNHAL

Te aponto
O punhal do meu afeto
Permaneces ereto e exposto
Com a paz vidrada no rosto
E vejo que não te ameaço,
Que passo e não sou tua paisagem
Que não precisas de mim em tua viagem.

CONTAMINADA

Teu beijo
cuspi da boca
Meu corpo queimei
em culpas
Tentei a purificação
que não havia
pois estava,
irremediavelmente,
contaminada de ti.

Para deixar de ser capacho, só com banho de auto-estima!

A auto-estima é problema quando falta e solução quando faz parte da gente. Trata-se de ter amor-próprio (de se gostar), autoconfiança (chega de insegurança!) e de acreditar em sua capacidade. Quando chegamos a este estágio, deixamos de negar nossas convicções, valores, pensamentos e sentimentos em troca do afeto dos outros. Muitos psicólogos costumam afirmar que auto-estima é um verdadeiro sistema imunológico emocional. Com ela em alta, somos positivos diante da vida em geral e do amor, em particular. Não renunciamos mais a nós mesmos, não permitimos que nos explorem nem maltratem e nos sentimos capazes de enfrentar desafios. Também não aceitamos dar mais do que recebemos num relacionamento, sabemos nossas reais necessidades, cobramos igualdade. Além disso, deixamos de colocar nossa felicidade nas mãos dos outros. Somos os responsáveis por nós mesmos. Auto-suficientes (estamos plantados sobre os próprios pés, somos nosso maior apoio e podemos providenciar o que nos falta), mas não onipotentes (aqueles que se sentem deuses e acham que dão conta de tudo sozinhos, que não precisam de ninguém). Claro que necessitamos uns dos outros, mas somos nosso próprio ponto de partida. A auto-estima nos dá a exata dimensão do quanto é importante nos colocarmos em primeiro lugar, o que não significa egoísmo, mesmo porque só poderemos amar e ajudar o próximo se estivermos bem. É do nosso equilíbrio emocional, da capacidade de lidar com as frustrações e seguir adiante, de não nos deixarmos dominar pela negatividade e muito menos, de colocar em dúvida o próprio valor a cada perda e derrota, que dependemos para alcançar nossos objetivos, seja em que área for de nossa vida.

Não podemos ficar esperando que os outros nos tratem bem, nós é que temos que nos cuidar bem primeiro, pois o sentimento de gratidão por existirmos vem daí e o de amor e respeito à vida também. E isso não significa apenas coisas básicas como saúde e higiene (inclusive mental), mas, principalmente, autoconhecimento, o que demanda coragem para entrar no labirinto de nossa alma e usar um espelho do avesso, que nos mostre por dentro e não apenas por fora. Só assim entraremos em contato com a profundidade de nossos ser, teremos noção dos nossos limites e verdades, do que é feio e belo em nossos sentimentos, do que precisa ser consertado, podado, alimentado, melhorado, criticado ou elogiado, enfim, avaliado com nossa própria fita métrica intelectual e emocional, sem modelos preestabelecidos, sem tentarmos nos enquadrar em um "tipo ideal", sem vaidade boba. Essa viagem interior, seja com um terapeuta como guia ou não, traz muito de auto-aceitação, a partir do momento em que você vier a conhecer as noções falsas que criou sobre você mesmo e a estabelecer contato com sua essência. Essas idéias erradas sobre nós mesmos é que formam o muro que nos separam da felicidade, que criam o complexo de inferioridade, a auto-rejeição, a impressão de sermos uma farsa, de não valermos a pena, até de não prestarmos para nada, e, para coroar a catástrofe, a certeza de que não merecemos ser amados e nem somos capazes de despertar amor nas pessoas. Por isso, conhecer essas idéias e descobrir como foram formadas é fundamental. Você precisa saber quem é de verdade, como eu já disse, porque assim estará emitindo os sinais invisíveis (seu código secreto emocional) corretos e atrairá pessoas compatíveis no amor e na vida.

PEGA NA MENTIRA

Como um amor consegue resistir a 25 anos de mentiras, promessas vãs, farsas homéricas, grandes trapalhadas e outras coisinhas mais? Fácil! Cléo, 55 anos, secretária capixaba, responde.

"Conheci Gilberto na fila de um banco. Na época estava casada e tinha um filho, Cristian. Mas aquela paixão foi explosiva e não consegui resistir. Ele me dizia que era solteiro, que adoraria ser pai e começamos um caso. Gilberto nunca pediu que eu me separasse, mas isso era tudo o que eu mais queria. Não foi preciso. Meses mais tarde meu marido morreu. Nosso filho sofreu muito, mas, confesso, vi ali uma chance de ser feliz com meu verdadeiro amor.

Durante um bom tempo sugeri que Gilberto fosse morar comigo e Cristian. Mas ele falava que não queria chocar a criança, sendo um intruso num momento tão difícil para o menino. Passei a admirá-lo ainda mais por aquela atitude.

Até que um dia Cristian chegou dizendo que precisava fazer um trabalho de escola na casa de uma amiguinha. Levei-o até lá e fui muito bem recebida pela mãe da garotinha e por seus outros seis filhos. Ela me convidou para entrar, tomamos um café e, de repente, a porta se abriu. Eis que entra ninguém menos que...

Gilberto. Sim, o meu Gilberto, recebido aos gritos de 'pai, papai' pelas crianças. Não preciso dizer que quase caí da cadeira e que ele perdeu a cor, né? Mas não comentei nada sobre nós dois, evidentemente. Não queria provocar um escândalo ali.

Na manhã seguinte, Gilberto apareceu pedindo perdão por ter omitido sua verdadeira história e eu, por amor, o desculpei. Aceitei ser a outra em sua vida porque não poderia perdê-lo jamais.

Tempos depois, uma jovem tocou a campainha de minha residência. Dizia que era de Brasília e estava procurando pelo pai, que não via há anos. Perguntei como ele se chamava e ela respondeu: Gilberto. Ela me contou que era filha de um primeiro casamento dele e que tinha quatro irmãos. E a segunda mulher dele é quem havia passado o meu endereço para que encontrasse o pai. Não entendi nada e chamei Gilberto lá. Assim que a jovem se foi, tive um ataque. Mais uma vez ele pediu perdão, disse que a companheira já sabia da minha existência e que não falou do primeiro matrimônio porque era coisa do passado e não queria me machucar. Mais: 'pretendia começar uma vida nova ao meu lado'.

O fato é que isso nunca aconteceu até hoje. Nesse tempo todo, descobri que ele saía com outras mulheres e que nunca havia trabalhado com carteira registrada. Mas, mesmo assim, admito que sentia pena dele porque não parava em emprego algum. Adorava quando ele chegava em casa e eu podia preparar aquela comidinha deliciosa pra ele, depois um cafezinho...

Assim o tempo passou. Ele continua morando com a segunda esposa e nos vemos de vez em quando. Jamais o deixarei. E sabe por quê? Gilberto é o homem que mais amei. E sei que morrerei se ele desaparecer de minha vida."

MIGALHAS

Me arrependo do beijo
Que não te dei no momento exato
Do ato que escapou por minha fresta
Da festa que não fiz por recato
Do desejo à espera da mão que o desatasse
Do não por temor que o medo me matasse
Do calor que não veio porque
Me quis imune ao teu afeto
Da dor que pune quem só viveu do resto

AMANTE

Como pôde me descobrir
debaixo de tanto pó,
sem contorno e sem brilho,
sem ligar para nada em volta,
só cuidando de filho?
Como pôde me encontrar
nesse beco sem saída,
como pôde me amar
e me devolver à vida?

O perfil de quem está no fundo do poço

Psicólogos da Universidade do Texas identificaram os três padrões de personalidade mais comuns entre pessoas com baixa auto-estima. Elas podem se comportar dessa forma o tempo todo, apenas no trabalho ou apenas em casa.

1. O FRACASSADO

Sente-se incapaz de lidar com os contratempos do dia-a-dia. Não se acha responsável pelo que acontece em sua vida e age como se estivesse sempre esperando que os outros solucionem seus problemas.

2. O IMPOSTOR

Comporta-se como se fosse feliz e bem resolvido, mas em seu íntimo vive com medo de ser desmascarado. Necessita de vitórias constantes para manter a máscara da auto-estima elevada.

3. O REBELDE

Age como se não se interessasse pela opinião de outras pessoas, principalmente as bem-sucedidas. Culpa os outros pelos seus próprios problemas e vive insatisfeito ou raivoso por não se achar bom o suficiente para nada.

A CULPA É DO ORKUT

"Em meu aniversário de 40 anos conheci um baiano lindo, de fala mansa, muita ginga, todo sensual e cheio de amor para dar. Ainda na festa, preparada por amigos em um barzinho no Rio, Marcus me deu o primeiro 'chega prá cá'. Fazia pelo menos um ano que eu não dava nem beijo na boca e aquilo tudo parecia mais um presente dos céus. Eu estava, sim, me sentindo carente e, como se diz aqui no Rio, 'garrei' paixão na mesma hora. E Marcus, que estava na cidade a passeio, no auge dos seus 28 anos, disse o mesmo, para meu delírio.

Uma semana depois de muito amor, ele voltou para Salvador. Para garantir que ficasse um dia a mais comigo, até paguei uma passagem de avião para ele. Mas Marcus se foi. Tinha um showzinho marcado para aquela noite num bar perto do Pelourinho. Dizia que cantava para sobreviver. Tinha um conjunto musical e o sonho de fazer sucesso, igualzinho o Chiclete com Banana.

Como eu morava sozinha e não suportava mais a saudade, 15 dias depois convidei Marcus para viver comigo no Rio. Aqui, com certeza, ele teria mais chance de batalhar por uma gravadora e alcançar o sucesso. Paguei a passagem e ele voltou. Eu sabia que teria de agüentar a barra sozinha nos primeiros meses. Mas tinha o meu trabalho, conhecia assessoras de imprensa e gente ligada à música. Resolvi pagar para ver.

Mas, como já disse, Marcus tinha uma banda com outros quatro amigos. E vivia dizendo que os produtores queriam conhecer a galera toda para, então, pensar em dar uma oportunidade ao grupo. Por amor e confiando que aquele poderia também ser um bom investimento, trouxe todos os meninos para o meu lar. Eu possuía uma boa graninha e poderia agüentar a onda por seis meses.

Usando minhas influências, comecei a dar a cara a tapa por aí e a pedir uma chance aos garotos. Assumi o papel de divulgadora do trabalho deles e passei a falar da banda para todos. Com um CD demo (de demonstração) nas mãos, ia a jornais, revistas, programas de rádio e batia até na porta de profissionais da televisão. Mas nada. Ouvia que o trabalho deles não era tão legal assim, que Marcus desafinava e os demais não tocavam bem. Mas eu achava sinceramente, que aquela gente não entendia da coisa. Imagine... Deveriam estar querendo mais é 'roubar' o grupo de mim para lucrar em cima.

O lance é que um ano de muita luta e dinheiro jogado fora se passou. Após sugar minha "medula", os outros integrantes voltaram para a Bahia. Marcus ficou comigo para tentar carreira-solo. Mais uma vez, dei a maior força. Outro ano se foi e nada. Aí minha suada graninha já havia desaparecido por inteiro. Pior: me vi cheia de dívidas. Tantas que nem crédito mais eu possuía para continuar a investir no sonho de meu marido. Pelo menos, eu o considerava assim.

Um dia, uma amiga chegou em casa de surpresa. Estava branca e gaguejando. Perguntou se Marcus estava lá e eu respondi que não. Ela, então, me fez ligar o computador e entrar no Orkut. Confesso que nunca havia entrado em comunidade alguma, muito menos em sites de relacionamento. Não gosto dessas coisas. Após me dar um calmante, essa amiga entrou no Orkut de uma moça chamada Thamires. Nela havia mil declarações de amor ao noivo, Marcus, pai de sua filha recém-nascida. Mais grave: fotos e fotos dela com o meu Marcus, todo sorridente, agarrado a ela e também à criança. Assim que ele chegou, exigi explicações e ele respondeu cinicamente... 'A culpa é do Orkut. Por que é que você tem de ficar sondando a vida dos outros?' Aí não deu mais: juntei tudo o que era dele e joguei na rua. Expulsei Marcus de casa e da minha vida. Amei demais, me anulei por ele, me endividei por ele, e foi isso que recebi em troca? Até hoje não me conformo, mas decidi que daqui para frente me colocarei sempre em primeiro lugar!"

Vanda C. T., Rio de Janeiro, RJ

SALIVA

O resto de tua saliva
É amargo em minha boca
Gota quente sobre a língua
Beijo que não se desfez por inteiro
Gosto de primeiro que não vinga
De amor que só me deixa à míngua

Atenção: os dez sinais de perigo!

O psicoterapeuta americano Nathaniel Branden é autor de vários livros sobre auto-estima. Segundo ele, se uma pessoa se identifica com quatro dos sintomas da lista abaixo, ela tem baixa auto-estima:

1. Fazer auto-avaliações freqüentes, perguntando: "Por que sou assim?".
2. Sentir cansaço e estresse constantes diante das atividades normais do cotidiano.
3. Sorrir raramente e ter uma visão negativa das pessoas com quem convive.
4. Preferir ficar sozinho a conhecer novas pessoas. Ter dificuldade em fazer novas amizades.
5. Sentir-se incapaz de atingir objetivos anteriormente determinados.
6. Achar que as coisas só dão certo com os outros.
7. Colocar a culpa nos outros pelos próprios erros.
8. Evitar fitar os olhos do interlocutor ao conversar.

9. Considerar-se o motivo do aborrecimento alheio.
10. Temer o futuro, achando que coisas ruins vão acontecer.

O ABORTO

Um depoimento que me impressionou muito em meu programa de rádio foi o de uma jovem que se apaixonou por um homem vinte anos mais velho e já pai de dois adolescentes. Para não perdê-lo, acabou aceitando a condição cruel imposta por ele para ficarem juntos: nada de filhos. Aos 22 anos, abriu mão do sonho de ser mãe. Ao telefone, me disse: "Sonia, eu não podia imaginar o quanto essa decisão me custaria. Aceitei, porque faria qualquer coisa por ele. Só que acabei ficando grávida, mesmo usando pílula. Quase morri quando o teste deu positivo. Primeiro, fiquei eufórica, e em seguida, em pânico. Não conseguia criar coragem para contar para ele. Aí comecei a ter a ilusão de que talvez aceitasse bem a notícia, resolvesse esquecer nosso acordo e me desse todo o apoio para ter o bebê, nosso filho. Foi o maior engano. Esse homem que eu amava desesperadamente foi frio, irredutível. Não me deu sequer um abraço, um beijo, uma demonstração de carinho nessa hora em que eu estava totalmente fragilizada, perdida na situação. Ele cobrou de forma dura o que havíamos combinado no início do nosso romance, disse que se eu voltasse atrás seria traição, que não assumiria a criança e me deixaria. Como escolher entre o homem amado e um filho? Eu queria os dois, mas percebi que era impossível. Meus pais também não me aceitariam como mãe solteira, iriam morrer de vergonha, um escândalo na família. Minha cabeça já não raciocinava mais, enquanto ele tomava as providências para o aborto. Consultou o irmão médico, me passou o endereço de uma clínica, recomendou mil vezes para que não deixasse ninguém saber de nada e me mandou embora, dizendo: 'Não vai dar pra te acompanhar, melhor você ir com uma amiga. Me liga quanto estiver tudo resolvido'. Nem sei como cheguei até à rua para pegar um táxi. Estava zonza, desnorteada, chocada. Nunca me senti tão sozinha na vida. E até hoje não consigo me perdoar por ter feito o ele queria. Quando voltei da anestesia, senti um vazio tão grande dentro de mim, que tive uma violenta crise de choro, parecia que tinham raspado minha alma do corpo. É claro que meu amor não resistiu a esse trauma. Fiquei sem os dois, mas só tenho saudade do filho que não conheci. Até hoje não deixo de pensar como seria o seu rosto. Acho que esse é o meu castigo..."

Esse depoimento me fez pensar no preço que muitas mulheres pagam por um amor que não vale a pena, na dor emocional do aborto, no mistério que fica para sempre no caminho interrompido. E aí escrevi um poeminha para essa ouvinte:

"Tantas noites dormimos juntos
Sem que pudéssemos nos contemplar
Eras meu e eu não te sabia o traço
Toda tua, ignoravas meu rosto
Te confessei meu amor mil vezes
E não obtive resposta
Ainda estavas mudo
Quando nos separaram
Eu dormia profundamente
E tu conhecias a morte
Fomos mãe e filho
Sem que tivéssemos tempo de nos tocar
Até hoje eu te imagino
E tu nem chegaste a ter olhos
Para me adivinhar."

VIAGEM

No roçar da tua barba macia
Meus sonhos se excitaram
Não contive a fantasia
Me perdi na mata do teu peito,
Na noite, numa viagem
Que nunca havia feito
Exausta, cheguei ao topo da colina
Me disse: adeus, menina,
Abri braços e pernas
E despenquei sobre a luz do dia.

MADURA

Você veio me colher madura
pele vincada, alma macia
meio entregue, meio insegura
já te amava e não sabia

Que estação da vida é essa?
tempo de fruto ou semente?
minha experiência de mundo
em coração de adolescente

Amor fora de época,
sem prazo de validade,
pode entrar que a casa é sua
e sirva-se de mim à vontade!

É possível aumentar a auto-estima em qualquer idade e para sempre!

Ao contrário do que se pensava antigamente, o grau de auto-estima de uma pessoa não é determinado na infância – geralmente pelo afeto ou pela falta dele por parte dos pais – e ficará para a vida toda. Já existem novidades na área: os psicólogos já sabem que é possível desenvolver a auto-estima em qualquer idade e mantê-la em alta para sempre. Descobriram também que é possível ter auto-estima baixa e elevada que se alternam. O psicólogo norte-americano Daniel Hart, da Universidade Rutgers, nos Estados Unidos, detalhou esse assunto em entrevista à revista *Veja*, em julho de 2007, dizendo o seguinte: "Um indivíduo pode ter confiança plena em si próprio no ambiente profissional, mas se sentir a última das criaturas no âmbito pessoal e vice-versa. Isso indica que, para aumentar a auto-estima, não basta apenas ter pensamentos positivos generalizados. O ideal é concentrar-se nos pontos fracos que podem ser mudados e melhorados". Uma pesquisa realizada na Universidade da Flórida, no mesmo ano, obteve um resultado condizente com a visão de Hart, que é autor do livro *Auto-estima: casos e respostas*:

um grupo de mulheres que implantaram silicone nos seios teve sua auto-estima elevada no que diz respeito à sexualidade, mas em outras áreas, como desempenho profissional e satisfação no trabalho, a cirurgia não surtiu efeito algum. Ou seja, melhorar só um ponto fraco é bom, mas para ter autoconfiança de fato, o ideal é identificar as falhas em todas as áreas de nossa vida, para podermos repará-las e reforçar a auto-estima como um todo.

Outra descoberta recente da Psicologia, que acaba de vez com a noção de que a auto-estima é formada apenas durante a infância, em casa, por influência dos pais, é a de que esse sentimento traz características hereditárias. O americano William Swann, psicólogo da Universidade do Texas, também entrevistado por *Veja*, declarou: "Existe um conjunto de fatores que nos leva a crer que os genes exercem um papel crucial no desenvolvimento da auto-estima. O que ainda não sabemos é quanto da auto-estima é formado pelos genes e o quanto é resultado do ambiente. Quando tivermos essa resposta, poderemos tratar o problema da baixa auto-estima de maneira muito mais eficiente". Isso pode explicar a avó capacho que tem uma neta idem, apesar de criada em outra época e em ambiente diferente.

TRAGÉDIA ANUNCIADA

"Casei-me logo após terminar a faculdade de Direito, com um colega de turma. Fábio queria ser delegado e fomos morar no Mato Grosso, onde o pai dele tinha fazendas. Eu era muito apaixonada, ele também, e alimentávamos muitos sonhos. Sobretudo o de montarmos um escritório, termos muitos clientes e formarmos uma família feliz. O problema é que, um ano depois, Fábio passou a beber demais e a me destratar na frente de quem quer que fosse. Eu venho de uma família rica e tradicional e ele também. E as palavras separação e divórcio não existiam em meu dicionário, muito menos no de meus sogros e pais. Eu sequer cogitava essa idéia. Desde pequena entendia que, uma vez casada, casada para sempre. Afinal, o que as amigas iriam dizer? Pior: o que a sociedade iria falar? Os clientes se afastariam, com certeza. Sem marido, eu perderia o respeito, me sentiria fracassada. E não nasci para fracassar. Que idiota, meu Deus!

Entre uma briga feia e outra, resolvi deixar de lado qualquer método contraceptivo e engravidar. Na minha cabeça, um filho seria a salvação daquele casamento à beira de um colapso. Mas a chegada de Larissa, a quem amo incondicionalmente, só fez piorar a situação. Fábio tornou-se um homem abrutalhado e violento. A cada dia eu me sentia mais acuada, amargurada, reprimida. Tinha medo de denunciá-lo e aquilo virar um escândalo na cidade. Chegamos ao ponto de eu apanhar todos os dias.

Minha filhinha começou a crescer e a entender tudo o que acontecia comigo. E chorávamos juntas. Quando Larissa estava com 9 aninhos, Fábio começou a querer viajar com a menina, mas sem a minha companhia. Passavam dias fora e, quando ela voltava para os meus braços, eu percebia que estava revoltada, incomodada com algo que eu não entendia...

Ao mesmo tempo, Fábio demonstrava um ciúme anormal da filha. Ciúme de pai, lógico! O que mais eu poderia imaginar? Até que uma noite meu mundo desabou de vez. Notei que meu marido não estava em nossa cama e fui procurá-lo pela casa. No corredor, escutei gemidos e um choro contido. Entrei no quarto de Larissa e lá estava o canalha, tentando abusar dela. Fiquei cega. Completamente cega. E todo o sofrimento de anos veio à minha mente, como num filme de terror. Fui vomitando para a cozinha, tentando não fazer barulho. Peguei uma tesoura de cortar frango, voltei para o quarto como uma sonâmbula, e cravei nas costas dele. Um golpe fatal. Como tive o testemunho da empregada de que matei para salvar minha filha, fui absolvida pelo crime. Mas carrego suas marcas até hoje. O escândalo foi infinitamente maior do que se eu tivesse tomado a atitude certa – que seria o rompimento – na hora certa."

Luana C. hoje vive em Florianópolis e dá assessoria, de maneira informal, a mulheres vítimas de violência doméstica.

LÂMINA

Ingênua,
Ignorei tua lâmina,
O risco, o corte
O golpe que não poupa
Despi tua roupa
Amei como louca
E por trás do encanto
Encontrei a morte

Seis regras básicas para elevar sua auto-estima

Existem seis regras básicas para elevar a auto-estima e ganhar confiança de maneira permanente. Elas funcionam a partir do momento em que se decide identificar as crenças negativas e se trabalha continuamente para modificá-las. As regras são as seguintes:

1. EXAMINAR O PASSADO

Esse é um passo crucial para elevar a auto-estima. Ao fazer essa retrospectiva, é possível perceber que alguns erros do passado podem ser corrigidos e outros, não. Ao se deparar com o que não pode ser mudado, o melhor a fazer é aceitar a situação, esquecer esses erros e se concentrar apenas no que pode ser melhorado.

2. ACHAR UM MEIO-TERMO

Quem sofre de baixa auto-estima costuma seguir a linha de pensamento do "tudo ou nada", ou seja: se uma tarefa realizada não saiu perfeita, foi um tremendo fiasco. Há uma grande diferença entre dizer "Eu fracassei três vezes" e "Eu sou um fracasso". Segundo os psicólogos, é preciso se esforçar para encontrar um meio-termo. Uma tarefa que não saiu perfeita dessa vez pode ser melhorada no futuro.

3. DAR UM SENTIDO À VIDA

Um estudo do Instituto de Envelhecimento da Universidade da Flórida concluiu que pessoas que dão um sentido à vida, prestando serviços comunitários ou investindo numa segunda carreira, se sentem mais satisfeitas consigo mesmas e apresentam auto-estima elevada e estável.

4. FOCAR OS ASPECTOS POSITIVOS

A pessoa que sofre de baixa auto-estima tende a concentrar sua atenção apenas nos aspectos negativos de determinada situação. Se o chefe menciona os pontos fortes e fracos de um projeto apresentado, por exemplo, ela vai lembrar e remoer apenas as críticas, ignorando os elogios. Ao se concentrar nos pontos positivos, a percepção do indivíduo sobre a mesma situação muda para melhor.

5. COMENTAR COM A FAMÍLIA E OS AMIGOS SOBRE AS REALIZAÇÕES POSITIVAS

Um estudo publicado no *Journal of Personality and Social Psychology*, da Associação Americana de Psicologia, concluiu que alardear o próprio sucesso ajuda a reforçar a autoconfiança e a elevar a auto-estima e neutraliza os pensamentos de autodepreciação.

6. FAZER GINÁSTICA

Vários estudos mostram que a prática regular de exercícios ajuda a elevar a auto-estima. Numa pesquisa da Universidade do Arkansas, nos Estados Unidos, um grupo de estudantes que começou a praticar exercícios regularmente passou a ter uma percepção mais positiva de si próprio. Outro estudo, da Universidade de Illinois, concluiu que a ginástica aumenta a auto-estima dos praticantes porque melhora a saúde e a qualidade de vida em geral.

QUE ASSIM SEJA...

O caso de Vitória é daqueles que quando se conta ninguém acredita. A não ser, infelizmente, as dezenas de mulheres que, por um mistério qualquer, se submetem à mesma situação.

Vitória conheceu Júnior na universidade, há 18 anos. Ele fazia Administração, e ela, Química. Foi paixão à primeira vista e, talvez – tomara que não! – a única na vida da moça, que, aliás, era bonita, elegante, inteligentíssima, com postura firme e caráter inquestionável. Júnior também era do bem e tinha muitos planos profissionais. Queria fazer doutorado, ser um dos maiores administradores do país... Mais tarde conseguiria isso por talento e vocação.

Ao final dos dois cursos, enquanto Júnior fazia pós-graduação, Vitória entrou no curso de Administração. Estava decidida a seguir a mesma carreira do namorado e, assim, ficar ainda mais próxima dele. Quatro anos mais tarde, logo após a formatura dela, veio o casamento aguardado por quase uma década. Vitória se sentia a mulher mais realizada do mundo. Estava trabalhando no escritório do marido e já sonhando com o primeiro filho que nasceria um ano depois. Problema: no segundo mês de gestação, Júnior adotou um comportamento diferente. Deixava Vitória sozinha nas horas de folga, parecia estar sempre nas nuvens e não demonstrava a menor preocupação com o bebê. Muito menos com a esposa. Vitória ainda tentava acreditar que o companheiro enfrentava um estresse provocado por tantas novidades em sua vida. Mas o estresse tinha outro nome: Sandra, uma das estagiárias de Júnior.

Quando a história da amante explodiu na empresa, Vitória, morrendo de vergonha e dor, viu seu mundo ruir. Pressionada pela opinião de todos, pôs Júnior para fora de casa (e ele foi rapidinho, sem pestanejar) e amargou o restante da gravidez amparada pela inconformada família. Valente, quatro meses após o parto foi contratada para um alto cargo de gestora em uma multinacional. Se estava feliz? Confessava que não.

No ano seguinte, a pulada de cerca de Júnior fracassou. Sandra não suportava mais a convivência com ele e lhe deu o maior fora. Preferiu um advogado cheio da grana que conheceu na noite. Sabe onde Júnior foi curar a "ressaca"? Nos braços de Vitória, que se tornou, digamos assim, sua amiga de todas as horas. E assim vem sendo desde então. Júnior e Vitória moram no mesmo bairro de propósito, em casas separadas, mas ele não sai da casa dela. Diz que é por causa do filho e Vitória concorda na boa, para espanto geral. Também entra e sai da residência dos ex-sogros, sem a menor cerimônia. Se for para um bom almoço, então, nem se fala. E ai de quem olhar meio torto para ele! Vitória vira bicho! Ele nunca mais se casou nem teve alguém fixo. Ela sequer pensa na possibilidade de namorar outra pessoa, apesar de despertar olhares interessados por onde passa. Não tem jeito. Apesar dos exaustivos conselhos e questionamentos de parentes e amigos, Vitória não enxerga outro homem à sua volta. E aos mais íntimos, admite: ainda ama o ex, com quem vai para a cama sempre que ele quer. Sim, porque ela, uma profissional determinada, de renome e independente em termos financeiros, vive à inteira disposição desse homem, o único de sua vida. Até quando? Só Deus sabe...

DISFARCE

Sempre existiu outra
Dentro de mim
E jamais desconfiaste
Morri sem queixas
Entre as ferragens dos teus braços
Mas deixei os olhos abertos
Como último disfarce

Chegou a hora dos testes

Acho que ficou claro como os problemas da auto-estima baixa podem afetar sua vida, inclusive fazendo de você uma mulher capacho. Mas agora você já tem idéia das soluções para deixar a submissão de lado e ser feliz no amor. Portanto, só falta fazer nossos testes para sua própria avaliação e se ligar nos resultados, que trarão novas dicas para mudar sua vida para melhor.

Boa sorte!

Avalie sua auto-estima

1. Fico ofendida ao receber críticas.
   a) Raramente   b) Às vezes   c) Sempre

2. Quando passo por períodos de estresse, minha saúde fica debilitada e acabo doente.
   a) Raramente   b) Às vezes   c) Sempre

3. Faço coisas contra a minha vontade para agradar aos outros e ser aceita no grupo.
   a) Raramente   b) Às vezes   c) Sempre

4. Costumo exagerar meus defeitos e minimizar minhas qualidades.
   a) Raramente   b) Às vezes   c) Sempre

5. Ao conhecer alguém bem-sucedido, fico pensando: "Por que não sou assim?".
   a) Raramente   b) Às vezes   c) Sempre

6. Sinto que não posso contar com meus amigos, porque nossa amizade é superficial.
   a) Raramente   b) Às vezes   c) Sempre

7. Sou perfeccionista e exijo muito mais de mim mesmo que dos outros.
   a) Raramente   b) Às vezes   c) Sempre

8. Relacionar-me com outras pessoas é uma tarefa árdua, que exige um enorme esforço.
a) Raramente b) Às vezes c) Sempre

9. Antes de apresentar algum trabalho ou projeto, sinto que vou fracassar.
a) Raramente b) Às vezes c) Sempre

10. Evito criar intimidade com outras pessoas.
a) Raramente b) Às vezes c) Sempre

11. Sinto-me insegura ao encarar um novo desafio.
a) Raramente b) Às vezes c) Sempre

12. Culpo-me quando as coisas não saem como planejado.
a) Raramente b) Às vezes c) Sempre

13. Quando meu sucesso é reconhecido, desconfio dos elogios.
a) Raramente b) Às vezes c) Sempre

14. Acho que pedir ajuda diante de um problema é sinal de fraqueza.
a) Raramente b) Às vezes c) Sempre

15. Antes de um compromisso social, tomo bebida alcoólica ou algum calmante para me sentir mais segura.
a) Raramente b) Às vezes c) Sempre

RESULTADO

Some 1 ponto para cada vez que você marcou a letra "a", 2 pontos para cada "b" e 3 pontos para cada "c".

ATÉ 17 PONTOS

Você tem uma visão positiva de si mesmo. Orgulha-se de ser quem é e valoriza suas habilidades.

DE 18 A 31 PONTOS

Sua auto-estima pode melhorar. Preste atenção em como se sente em relação a si mesmo e aos outros e, a partir daí, concentre seus esforços para reconhecer seu devido valor.

ACIMA DE 31 PONTOS

Sua auto-estima está muito baixa. Essa percepção negativa que você tem de si mesmo pode prejudicar sua qualidade de vida e seu prazer de viver. Se achar que não consegue melhorar a auto-estima sozinha, fazer terapia pode ajudar nesse processo.

Você gosta de si mesma?

Responda às questões e confira em seguida o resultado.

1. **Você é capaz de manter bons sentimentos em relação a si mesma até quando alguém a critica?**
   a) Sim.
   b) Não.

2. **Quando você faz algo errado, como age?**
   a) Peço desculpas e sigo em frente.
   b) Fico me martirizando por um longo tempo.

3. **Se você discorda de uma idéia expressada por alguém que admira e respeita muito, o que faz?**
   a) Manifesto a minha opinião.
   b) Acho que estou errada ou guardo para mim a minha discórdia.

4. **Caso você falasse com uma amiga, um filho ou um parente da mesma forma que conversa consigo mesma no íntimo, o que aconteceria?**
   a) Eles se sentiriam respeitados e queridos.
   b) Ficariam tristes ou humilhados.

5. **Quando alguém a elogia, qual a sua reação típica?**
   a) Agradeço, me sentindo merecedora do elogio.
   b) Desconverso ou fico envergonhada.

6. **Você costuma ficar se comparando com os outros para tentar descobrir se é melhor ou pior que eles?**

a) Não.

b) Sim.

7. **Quando uma pessoa ou um acontecimento a magoa, o que você faz?**

a) Procuro me confortar e aceito o apoio dos outros.

b) Escondo a minha dor.

8. **Se você está bem e seu marido ou outra pessoa próxima aparece de mau humor, o que acontece?**

a) Mantenho meu estado de espírito original.

b) Sou contagiada pelo mau humor.

9. **Você conhece seus dons e talentos e se sente confiante para colocá-los em prática?**

a) Sim.

b) Não.

10. **Quando você está fazendo algum trabalho e já se dedicou bastante a ele, o que faz?**

a) Digo "está suficientemente bom" e encerro o projeto antes de sofrer um forte desgaste emocional.

b) Vou até as últimas conseqüências para realizá-lo com perfeição, mesmo que isso me provoque sofrimento.

RESULTADO

Conte quantas alternativas "a" você respondeu. Se o resultado foi igual ou superior a sete, parabéns: sua auto-estima está ótima. Caso o número tenha ficado entre quatro e seis, isso significa que ela está em um nível médio e pode melhorar. Se foi igual ou menor que três, cuidado: você está com a auto-estima bastante abalada e pode sofrer conseqüências graves em sua vida pessoal e profissional. Procure ajuda e leia as dicas abaixo.

AJUDAR OS OUTROS

Uma forma de ficar satisfeita consigo mesma é voltar sua atenção para outras pessoas. Pesquisas já mostraram que quem ajuda o próximo é mais feliz. E mais: a longo prazo, atitudes altruístas melhoram o sistema imunológico e protegem contra doenças.

PARA DAR A VOLTA POR CIMA

Se a sua auto-estima anda meio caída, não desanime. É possível reverter esse quadro. Os psicólogos franceses Christophe André e François Lelord elaboraram uma lista de atitudes práticas nesse sentido. Para que tudo dê certo, eles recomendam que você, antes de mais nada, incorpore à sua rotina três posturas gerais: transformar os lamentos em decisões, escolher objetivos viáveis e dar um passo de cada vez. Munida dessas estratégias, invista nas novas atitudes:

- **Aceitar-se:** As pessoas com amor-próprio elevado sabem que têm defeitos, como todo mundo. A diferença está na maneira de encará-los. Você se sente inferior por ser a única no trabalho que não concluiu os estudos? Vá a uma escola, matricule-se e siga o curso até o fim. Não sinta vergonha das suas falhas e limitações.

- **Ser honesta com você mesma:** A promoção que você esperava não saiu e uma colega lhe pergunta: "Você ficou decepcionada?". Você diz que não. E pior: tenta enganar a si mesma com essa ladainha. Agir assim só faz mal para a auto-estima. Melhor dizer claramente: "Eu quero muito alcançar tal objetivo". Ou, então: "Que pena, não consegui o que queria".

- **Agir, em vez de reclamar:** A ginástica da auto-estima é a ação. Em vez de ficar ruminando as frustrações, faça aquilo que você precisa fazer. A decisão de mudança deve se traduzir em atos concretos.

- **Admitir o fracasso:** Infelizmente, a existência não é uma série infinita de vitórias. Para alcançar qualquer objetivo, é necessário assumir o risco do fracasso. Mas, e se ele ocorrer, qual é o problema? Errar não é vergonha. Todos fracassam uma vez ou outra.

- **Afirmar-se:** A auto-afirmação é a sua capacidade de expressar suas opiniões, seus desejos e seus sentimentos. Acostume-se a dizer "não" sem agressividade, pedir um favor sem se desculpar, responder calmamente a uma crítica. Quando você deixa de contradizer o seu interlocutor por medo de que ele fique zangado, volta para casa remoendo a conversa e imaginando como teria sido se tivesse falado francamente. Sua auto-estima cai.

- **Procurar apoio:** Não tenha vergonha de pedir ajuda – a sensação de que você pode contar com as pessoas ao seu redor é vital para a auto-estima. Aceite, porém, o fato de que essa ajuda pode demorar um pouco. A rede de relações sociais é muito importante para qualquer pessoa. Entre em contato com seus amigos e conhecidos sempre que puder – e não apenas quando está em dificuldades ou precisa "desabafar".

Você sabe se valorizar?

Marque verdadeiro ou falso para as cinco questões abaixo.

1. Quando recebo um elogio, faço de tudo para desqualificá-lo. Se acharam minha roupa bacana, digo "nossa, mas ela é tão velha". Se falaram bem da cor do meu cabelo, digo "mas ele anda tão ressecado".
   ( ) Verdadeiro ( ) Falso

2. Diante do espelho, não olho o todo, mas sim os defeitos, e me pergunto como me livrar deles.
   ( ) Verdadeiro ( ) Falso

3. Se o meu chefe me pede para entregar um trabalho extenso num tempo inviável, fico com medo de tentar renegociar o prazo e depois me descabelo para cumprir a tarefa.
   ( ) Verdadeiro ( ) Falso

4. Demoro muito para me arrumar antes de sair de casa e nunca fico satisfeita com as minhas roupas e o meu visual.
   ( ) Verdadeiro ( ) Falso

5. Durante a transa, me preocupo o tempo inteiro. Será que estou agradando? Ele vai reparar na minha celulite?
   ( ) Verdadeiro ( ) Falso

RESULTADO

Se você assinalou "verdadeiro" para a maioria das afirmações, precisa se valorizar mais. Muito mais. Quem sabe não seja uma boa idéia consultar um terapeuta. Se assinalou "falso" na maior parte do teste, você sabe explorar suas características positivas. Isso é ótimo! Só tome cuidado para não se acomodar.

CINEMA MUDO

Mata Hari/Theda Bara
Espiã que fui na tua noite clara
És a mão que me roubaste o peito
Ladra carícia, ar rarefeito
Fujo!
Na tela do cinema há um branco.
Palavra fim.
Eu quero a morte e me atiro
contra a espada
De Errol Flynn

Cinco atitudes para aprender a se dar valor

1. REAVALIE SUAS CRENÇAS SOBRE SI MESMA

Ao longo da vida, ouvimos uma série de opiniões a nosso respeito: somos bagunceiras, tímidas, estudiosas, preguiçosas... Esses rótulos acabam formando o conceito que temos a respeito de nós mesmas. Pare para refletir sobre a origem dessas características e questione-se sobre elas.

2. CONFIE EM SUA CAPACIDADE

Depois de identificar suas maiores habilidades, acredite nelas de verdade e siga em frente. Dá um pouquinho de medo no começo? Enfrente essa sensação, mas não desista.

3. RIA DOS PRÓPRIOS ERROS

Não dá para acertar o tempo inteiro. Os fracassos fazem parte da nossa trajetória. Procure enxergá-los com bom humor. Tudo ficará mais leve.

4. ASSUMA A RESPONSABILIDADE POR SUA VIDA

Nada de se posicionar como uma vítima das circunstâncias. As rédeas dos acontecimentos estão em suas mãos. Assumir o papel de coitadinha pode parecer cômodo, mas não ajuda ninguém a crescer. Seja a protagonista e a autora de sua própria história.

5. APRENDA A DIZER "NÃO"

Quem sabe se dar o devido valor não fica à mercê de toda e qualquer solicitação que os outros venham a fazer. Antes de aceitar uma proposta, pense se realmente ela é boa para você. Se não for, diga "não, muito obrigada".

Teste Teen

Você é mais você ou tem complexo de perseguição?

1. **Se você não fica com ninguém há um tempão...**
   a) Não se abala: sabe que é porque não se interessou por ninguém.*
   b) Fica meio triste e se sentindo pouco importante.***
   c) Se sente bem ou meio triste, dependendo do momento.**

2. **O que você faz para sair desse encalhamento?**
   a) Espera o sentimento ruim passar.***
   b) Liga para aquele seu estepe básico.**
   c) Vai para a balada atrás de novos gatinhos.*

3. O semestre está quase terminando. Algumas matérias estão difíceis e suas notas estão baixas. Você acha que...

a) Vai dar para fechar o semestre sem recuperação nem muito estudo. Sempre dá!*

b) Suspender outras atividades para ter mais tempo para estudar é suficiente.**

c) Só arranjando um professor particular mesmo para se livrar das notas vermelhas.***

4. Se seu namorado liga decretando "dia de sair com os amigos" no sábado à noite, você...

a) Fica meio desconfiada e vai ver um filme na casa das amigas.**

b) Acha que ele vai beijar várias na balada. E fica no sofá, de mau humor, o resto do seu sábado.***

c) Dá uma risadinha no telefone... E cai na balada com as amigas!*

5. A maioria das suas comunidades no Orkut é do tipo:

a) "Mulheres solteiras e felizes"*

b) "Eu odeio..."**

c) "Quem eu amo não me ama"***

6. Seu time de vôlei tem jogo marcado para a semana que vem. Se no último treino você tomou várias broncas da sua técnica...

a) Você pede para ficar no banco. Não quer passar vergonha!***

b) Arrasa na quadra no dia do jogo. Só para mostrar que a vontade é seu maior combustível!*

c) Entra na quadra com o maior medo. E se concentra para não fazer nada de errado.**

7. **Quando aquele amigo gato do seu irmão finalmente dá bola, você se sente...**
   a) Megapoderosa!*
   b) Confusa. Mas feliz também.**
   c) Zoada. Afinal, por que só agora ele ia perceber a sua existência?***

8. **A foto do seu RG é uma coisa sem explicação de tão feia. Um dia, o documento cai da sua carteira no chão da classe e os meninos começam a tirar o maior sarro. Então, você...**
   a) Ri junto! A foto é feia mesmo, fazer o quê?**
   b) Manda os meninos mostrarem os RGs também. E aí, sim, todo mundo pode dar risada junto!*
   c) Fecha a cara e arranca o documento da mão dos meninos!***

9. **Você e sua irmã estão fazendo uma superdieta para arrasarem quando o verão chegar. Se, em duas semanas, ela emagrece mais do que você...**
   a) É por causa do metabolismo acelerado dela.**
   b) É típico: você nunca consegue chegar aos mesmos resultados que os das outras pessoas.***
   c) Sabe que você pode até emagrecer mais devagar, mas também demora mais para engordar de novo!*

RESULTADO

MAIS * – 100% MAIS VOCÊ!

Meu Deus! Você transborda confiança! Muito legal poder se olhar no espelho e se admirar, percebendo que dá muito trabalho, sim, ser essa pessoa única que você é! Mas calma lá: você pode parecer um rolo compressor para as suas amigas mais retraídas, principalmente quando a auto-estima delas estiver mais em baixa. Então, use a sua confiança para "contaminá-las". Pode apostar que elas vão aprovar.

MAIS ** – NA BOA, DISCRETA E VIGILANTE

Você não é daquelas que deixa um rastro de purpurina por onde passa, mas também não se incomoda com isso. Acha que precisa de motivos fortes para chegar à conclusão de que está sendo zoada. Também gosta de fazer as coisas direito, bonitinho. Para você, confiança é resultado de muitos fatores, como organização e atitude, mas principalmente da imagem que as pessoas têm de você. Na verdade, confiança vem de dentro. Pense nisso!

MAIS *** – COMPLEXO DE PERSEGUIÇÃO!

Tsc, tsc, tsc! O que aconteceu com você, garota? Brigou com as amigas? Sua mãe cortou a mesada? Olha, não tem por que você se sentir assim, tão para baixo, tão desmerecedora do crédito alheio. Se alguém lhe fizer algum elogio, é capaz de você achar que a pessoa está tirando uma com a sua cara! Olha que absurdo! Melhor repensar essa sua postura pessimista e reavaliar sua capacidade de receber carinho.

BOA SORTE!

Os poemas contidos neste livro são de autoria de Sonia Abrão

Aborto; Alma Gêmea; Amante; Amor Digital; Arritmia; Avesso; Banquete; Campo Minado; Cinema Mudo; Ciúme; Contaminada; Contradição; Crônico; Desejo; Destino; Dia de Chuva; Disfarce; Dor; Duas Rugas; É Tarde; Estátua; Fantasma; Final; Fogo; Frágil; Lâmina; Louco de Louça; Madura; Memória; Migalhas; Mutante; O Amor Faz o que Quer; Perfume; Ponteiros; Pra Sempre; Prece; Punhal; Revolta; Saliva; Século XX; Separação; Sinfonias; Sombra; Viagem; Vício; Vigília.

CRÉDITOS

TESTES:

Avalie sua auto-estima
Fonte: Editora Abril - Textos
Seção Especial - Revista Veja (edição 04/07/2007)
Autor: Ana Maria Rossi

Você gosta de si mesma?
(Turbine sua auto-estima)
Fonte: Editora Abril - Textos
Seção Bem-Estar - Revista Anamaria (edição 25/03/2005)
Autor: Anamaria

Você sabe se valorizar?
(Sim, Eu tenho Muito Valor!/Cinco atitudes para aprender a se dar valor)
Fonte: Editora Abril - Textos
Seção Bem-Estar - Revista Anamaria (edição 01/08/2005)
Autor: Anamaria

Você é mais você ou tem complexo de perseguição?
(E a confiança vai bem?)
Fonte: Editora Abril - Textos
Revista Capricho (edição 26/06/2005)
Autor: Denise Ribeiro